Easy Chinese
全新版華語 2
教學指引

編輯大意

一、本指引依據華語課本分冊編輯，共十二冊，供教師教學參考之用。

二、本指引體例分為兩部分：

(一)單元導讀：在教學指引增列單元導讀，以感性的筆調，引導進入大單元的核心。

(二)各課教學指引包括：

1. **聆聽與說話**：以趣味的遊戲帶動孩子學習語文的興趣；再以課文情境圖讓兒童練習說話，最後過渡到概覽課文。

2. **閱讀與識字**：讓學生提出詞語，進行詞義、字形的教學。

3. **閱讀與寫作**：藉著課文的深究，對話的練習，形式的深究，讓學生明白句子的結構，文章的結構。

4. **教學資料庫**：提供了習作解答參考，及相關的語文補充資料，供教師參酌使用。

三、本書所提供的教學流程與方法，只作示例參考；教師可掌握教材內容及意旨，並根據當地學生年齡、程度、學生學習時間做調整。

四、本書的國字注音依據教育部編印的「國語一字多音審訂表」，筆順則依據教育部編印的「常用國字標準字體筆順手冊」編輯而成。

五、本書如有疏漏之處，尚祈各校教師提供寶貴意見，俾供修訂時參考，謝謝您。

目(ㄇㄨˋ)次(ㄘˋ)

一 第(ㄉㄧˋ)一(ㄧ)單(ㄉㄢ)元(ㄩㄢˊ) 我(ㄨㄛˇ)愛(ㄞˋ)上(ㄕㄤˋ)學(ㄒㄩㄝˊ)

一 上(ㄕㄤˋ)學(ㄒㄩㄝˊ) 4

二 我(ㄨㄛˇ)的(˙ㄉㄜ)學(ㄒㄩㄝˊ)校(ㄒㄧㄠˋ)好(ㄏㄠˇ) 12

三 上(ㄕㄤˋ)課(ㄎㄜˋ)和(ㄏㄢˋ)下(ㄒㄧㄚˋ)課(ㄎㄜˋ) 20

第(ㄉㄧˋ)二(ㄦˋ)單(ㄉㄢ)元(ㄩㄢˊ) 新(ㄒㄧㄣ)年(ㄋㄧㄢˊ)

四 雪(ㄒㄩㄝˇ)人(ㄖㄣˊ) 30

五 耶(ㄧㄝ)誕(ㄉㄢˋ)樹(ㄕㄨˋ) 40

六 新(ㄒㄧㄣ)年(ㄋㄧㄢˊ)到(ㄉㄠˋ) 50

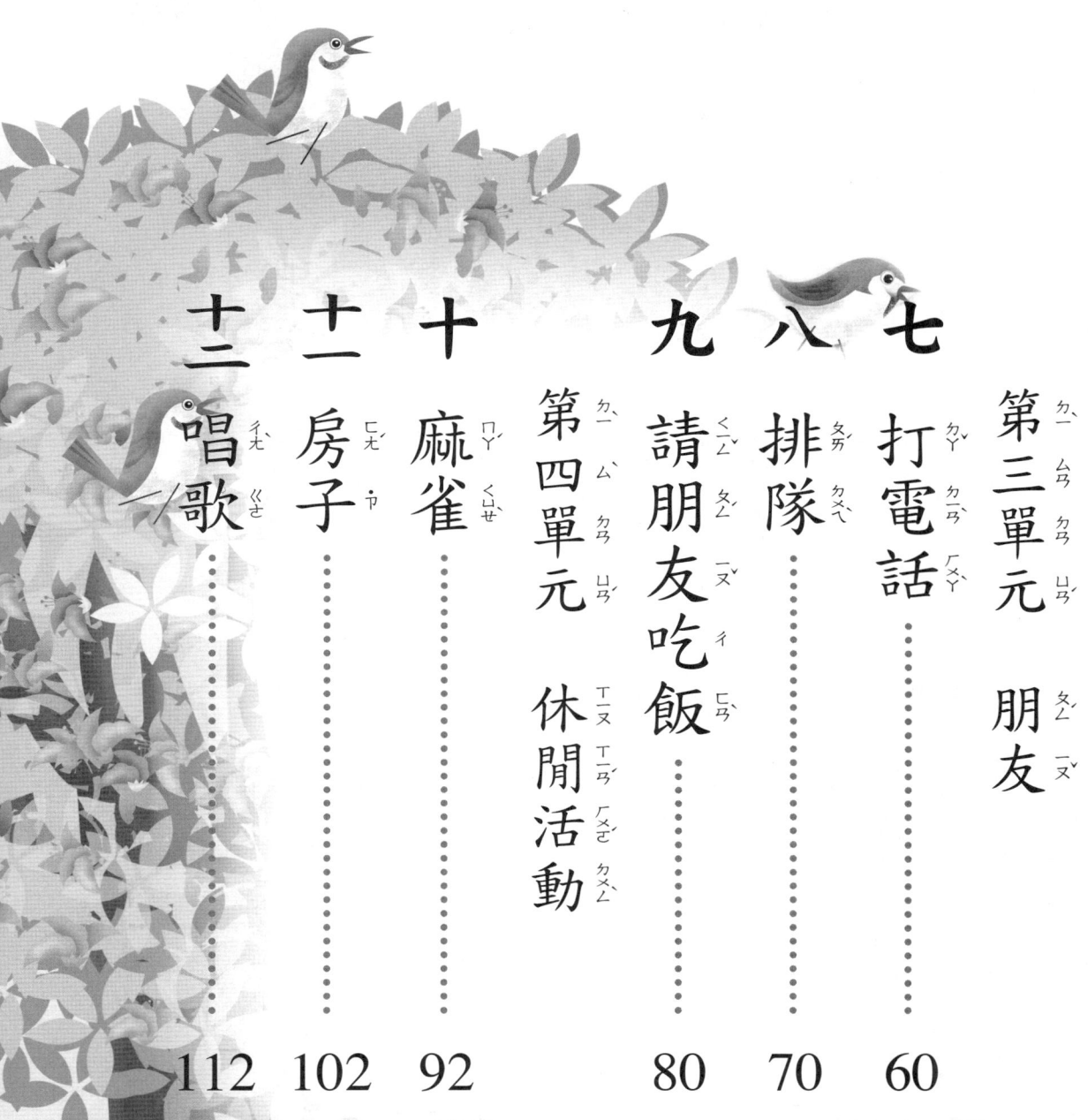

七 第三單元 朋友 ………… 60

八 打電話 ………… 70

九 排隊 ………… 80

十 請朋友吃飯

第四單元 休閒活動

十一 麻雀 ………… 92

十二 房子 ………… 102

十三 唱歌 ………… 112

【全新版】華語 第二冊 教學指引 2

第一單元　我愛上學

 總說

本單元利用兒童的生活經驗，導引兒童由學校生活中的點點滴滴，認識學校生活；進而喜愛學校生活，達到學習本單元的目的——我愛上學。

在此單元中，第一課「上學」，高高興興去上學；第二課「我的學校好」，焦點集中在校園裡的「大樹」和學校裡的「小朋友」；第三課「上課和下課」，傳遞上課時認真讀書，下課時盡情遊戲。「我」、「你」、「我們」等人稱代名詞的認識與分辨。

教材說明	教學重點	教學建議
一　上學 1. 本課是兒歌，由兒童的所見來描寫：高高興興的上學，老師笑嘻嘻的，大家都很快樂。 2. 高高興興上學是小朋友的快樂心情，加上老師點點頭，笑一笑，使「上學」這件事變得更加有趣。	1. 理解課文中的詞語和句子，學會「……像……」來造句。 2. 學習「跑哇跑」、「叫哇叫」、「點點頭」、「家族」等詞語。 3. 學習「像小馬跑哇跑」、「像小鳥叫哇叫」譬喻修辭。	1. 本課生字「頑」、「族」要注意寫法的指導。 2. 朗讀課文時，要輕快一點，音量也可以大一些，才能表現出高興的氣氛。 3. 語文活動「比一比」利用比較、歸納法，認識部首；教學時，可順便指導查字典。

二、我的學校好

教材說明
1. 本課是兒歌，描寫學校的校園和學校裡的小朋友們。
2. 學校裡有許多植物，有人說一團綠的地方，就是學校的所在，本課抓住此特點來寫學校。另外就是「同學」，是小朋友最喜歡的，本課的「大樹」和「同學」都是「學校」的代表。

教學重點
1. 理解課文中的詞語和句子，學會運用「……和……」「……一起……」來造句。
2. 學習「好高好高」、「好多好多」、「悄悄話」、「手拉手」等詞語。
3. 復習標點符號逗點（，）和句號（。）。

教學建議
1. 朗讀課文時，「好高好高」、「好多好多」輕快一些，音量大一些；「說悄悄話」音量放低，表出「說悄悄話」的神祕。
2. 本課生字「學」、「悄」要注意寫法的指導。
3. 語文活動「詞語練習」，讓學生由字→詞→語，作伸長的練習。

三、上課和下課

教材說明
1. 本課是詩歌，描寫小朋友上課和下課的情形。
2. 上課時，有書，有筆，大家一起讀書；下課時，拍皮球，溜滑梯，大家一起玩遊戲。
3. 下課時「我拍皮球」、「你溜滑梯」，各玩各的遊戲器材，但加上「你告訴我」、「我也告訴你」，使兩人中間有了交集。

教學重點
1. 理解課文中的句子，學會「……一起……」、「……拿出……也拿出……」「……告訴……」來造句。
2. 認識並學習「拿出」、「讀書」、「拍皮球」、「溜滑梯」、「告訴」等詞語。
3. 認識「拿」、「拍」、「溜」等動詞。

教學建議
1. 本課要讀出愉快的感覺，音調要輕快、上揚。
2. 本課生字「滑」、「訴」要注意寫法的指導。
3. 人稱代名詞「我」、「你」、「我們」要能指導分辨。

一 上學

一、聆聽與說話

(一) 語文遊戲：文字接龍

上學→學校→校長→

（可以把全班分成兩組輪流接龍，也可以兩組各接各的，看哪一組接的詞比較多。）

(二) 看圖說話

老師引導小朋友觀察課本的情境圖，在師生回答中，使小朋友達到「看、想、說」的目的。

1. 小朋友什麼時候上學校？（早上。）
2. 小朋友在學校裡做什麼？（小朋友在學校裡讀書、玩遊戲。）
3. 小朋友在學校高不高興？（很高興。）
4. 為什麼小朋友在學校會很高興？（因為有許多小朋友可以一起玩、一起讀書，學校裡有許多遊戲器材，好好玩！）
5. 老師對小朋友怎麼樣？（老師很喜歡小朋友，看到小朋友都笑嘻嘻的，而且會點點頭，很親切。）

(三) 概覽課文

二、閱讀與識字

(一) 提出詞語

1. 兒童把課文情境圖再看一次。
2. 教師領讀課文。
3. 兒童試讀課文（齊讀、分組讀、個別讀）。
4. 兒童試說大意。
5. 兒童舉手提出本課詞語，教師將詞語寫在黑板上。
6. 老師範念後，再領念，再並矯正發音，兒童可全體念、分組念、個別念。

(二) 詞義教學

1. **早起**：天剛亮的時候就起床。
2. **像**：相似，或是照著人、物製成的形象。如銅像。
3. **跑**：快步的走。以動作示意。
4. **老師**：學生對教師的尊稱。
5. **我們**：人的複數，跟我有關的一群人。
6. **頑皮**：小孩子過分淘氣，調皮不聽話。

7. 家族：有血統關係的人，同姓的親屬；引申為有相同喜好的人。
8. 學校：教學與學習的場所，舉例說明：我們學校是○○小學。

(三) 字形教學
1. 習寫字：
像（人）部　們（人）部
跑（足）部　頑（頁）部
老（老）部　皮（皮）部
師（巾）部　家（宀）部
到（刀）部　族（方）部
頭（頁）部

(1) 以食指書空練習。
(2)「跑」是「足」部，因為要放右半邊的字，所以「足」變成「⻊」。
(3)「頑皮」小朋友通常會寫成「完皮」或是「玩皮」。
(4)「族」右邊是「矢」，不可以寫成「矢」。

2. 認讀字：
學（子）部　校（木）部

三、閱讀與寫作

(一) 內容深究：引導兒童回答問題。

1. 早起上學做什麼？（小朋友讀書、遊戲。）
2. 小朋友喜歡上學嗎？（喜歡，因為小朋友早早起來，就為了上學。）
3. 像小馬跑哇跑，像小鳥叫哇叫，這在形容誰？（上學的小朋友。）
4. 為什麼像小馬跑、像小鳥叫，為什麼不像其他動物？（因為小馬很會跑，小鳥很愛叫，很像上學的小朋友。）
5. 老師看到我，點點頭、笑一笑，這表示什麼？（老師很喜歡我。）
6. 老師點點頭，笑一笑，我會覺得怎麼樣？（會很高興、很開心。）
7. 為什麼說我們是頑皮家族？（小朋友是愛玩、愛鬧的一群人，所以形容是頑皮家族。）

(二) 練習朗讀課文

本課朗讀時，要讀出小朋友開開心心上學的心情，所以音調可以輕快，高一點。

1. 老師領念。
2. 指定小朋友個別念或集體念。
3. 可以加上節奏樂器，或是拍手打節奏。

(三) **形式深究**（僅供教師參考）

1. 章法：
   (1) 本課文體為兒歌。用兒歌活潑上口的方式把學校生活寫出來。
   (2) 研討全課大意、分段大意：
       全課大意：我喜歡上學，上學很快樂。
       分段大意：
       第一段：高高興興上學校。
       第二段：老師對我笑。
       第三段：學校是個大家庭。
   (3) 結構分析：

   上學 ─┬─ 總說 ─ 第三段 ─ 學校是個大家庭。
         ├─ 分說 ─ 第二段 ─ 老師對我笑。
         └─ 分說 ─ 第一段 ─ 高高興興上學校。

   (4) 主旨：學校是小朋友的家。

2. 句子練習：
   ……像……
   我像小鳥叫哇叫
   我像小馬跑哇跑
   （我不是小鳥，但和小馬一樣愛跑，像小鳥一樣愛叫。）

3. 詞語練習：

(1) 跑哇跑　　(2) 點點頭　　(3) 笑一笑

　　叫哇叫　　　搖搖頭　　　哭一哭

　　跳哇跳　　　拍拍手　　　跑一跑

　　唱啊唱　　　扭扭腰　　　跳一跳

　　爬啊爬　　　拍拍肩　　　叫一叫

四、教學資料庫

(一) 語文活動一解答參考

第 4 頁【對話練習】

復習第一冊曾學過的「也」，前五句分男女生念，最後兩句大家一起念，學習朗誦的技巧。

第 5 頁【念一念】

找出動物的特點加以描寫，像馬跑得快，豬吃得多，這些作譬喻修辭的基礎練習。

第 6 頁【連一連】

本課課文有小馬、小鳥，念一念裡又有小豬、小猴、小狗、小魚，所以此處再做一個統整。

第 7 頁【比一比】

指導學生認識同部首的字。

(二) 習作解答參考

A本

【習作 (一)】

老師可要求學生都注上音,然後再找押ㄠ韻的字:(校)(笑)(跑)(叫)(找)。

【習作 (二)】

1. ① 2. ② 3. ① 4. ① 5. ②

B本

【習作 (一)】

(拍拍手)(扭扭腰)(踏踏腳)……
(哭一哭)(跑一跑)(跳一跳)……

不會寫的字,可以寫注音;老師可以表演動作來提示答案。

【習作 (二)】

(ㄨㄢˊ)(頑皮)
(ㄒㄧㄤˋ)(好像)(ㄒㄧㄤˋ)(大象)
(ㄇㄣˊ)(門口)(˙ㄇㄣ)(我們)
(ㄇㄚˇ)(小馬)(ㄇㄚ)(媽媽)

二 我的學校好

一、聆聽與說話

(一) 語文遊戲：文字聯想

1. 把全班分成兩組，輪流回答，若題目是「學校」，答案與學校有關的都通過。
2. 這個遊戲是要讓小朋友想的越多，會用的詞彙越多。

(二) 看圖說話

老師引導小朋友觀察課本的情境圖，在師生回答中，讓小朋友達到「多看、多想、多說」的目的。

1. 校園裡有什麼植物？（校園裡有花、有樹、有小草。）
2. 學校裡除了教室、校長室，還有什麼？（老師的辦公室、活動中心、廁所、健康中心……。）
3. 學校裡除了小朋友以外，還有什麼人？（校長、老師、護士阿姨。）
4. 校園裡的大樹有什麼用？（我們可以在樹下玩遊戲，乘涼。）
5. 同學和我手拉著手，表示兩個人怎樣？（是好朋友。）
6. 我和同學除了一起唱歌，一起說笑話，還可以一起做什麼？（讀書、寫功課、玩遊戲。）

(三) 概覽課文

二、閱讀與識字

1. 兒童把課文情境圖看一次。
2. 教師領讀課文。
3. 兒童試讀課文（齊讀、分組讀、個別讀）。
4. 兒童試說大意。

(一) 提出詞語

1. 兒童舉手提出本課詞語，教師將詞語寫在黑板上。
2. 老師範念後，再領念，並矯正發音，兒童可全體念、分組念、個別念。

(二) 詞義教學

1. **學校**：教學與學習的場所。以造句說明：我們在學校學習做人的道理。
2. **大樹**：很大而高的樹木。指實物示意。
3. **好高**：以動作示意。
4. **小草**：很小的草，為草類植物的泛稱。指實物示意。
5. **悄悄話**：說話時聲音很低、很小聲，不讓別人聽到。以「說悄悄話」的動作示意。
6. **拉**：牽。以動作示意。

7. 一起：一塊兒。

8. 唱歌：按照詞曲發出聲音。老師以聲音示意。

(三) 字形教學

1. 習寫字：

悄（心）部

話（言）部

同（口）部

手（手）部

拉（手）部

學（子）部

校（木）部

樹（木）部

高（高）部

草（艸）部

(1) 以食指書空練習。

(2)「悄」是「豎心（忄）」部，可以讓學生認識「心」部的變化。

三、閱讀與寫作

(一) 內容深究：引導兒童回答問題。

1. 大樹高和大樹好高好高有什麼不同？

（大樹好高好高，強調樹「非常高」，大樹好高好高的意思是比大樹高還要更高些。）

二 我的學校好

2. 為什麼大樹和小草說悄悄話？（風一吹，大樹和小草都搖搖晃晃的，好像在說話，但我們又聽不到，所以說它們在說悄悄話。）
3. 學校有大樹，有小草，那有什麼好？（小朋友可以在大樹下，在草地上玩遊戲。）
4. 為什麼不說小花、小草說悄悄話？（大樹和小草，一個高一個矮，就像老師和學生一樣，大樹彎著腰和小草說話，就像老師彎腰和小朋友說話一樣，讓人有親切感。）
5. 同學和我一起唱歌，一起說笑話，為什麼要用「手拉手」呢？（表示關係更好。）
6. 為什麼說同學「好多好多」？（和大樹好高好高一樣，強調同學非常多。）
7. 這課課文由哪些地方，可以看出「我的學校好」？（有大樹、有小草，和許多同學。）

(二) **練習朗讀課文**
1. 老師領念。
2. 指定兒童分組或個別念。
3. 鼓勵兒童回家念給父母聽。

(三) **形式深究**（僅供教師參考）
1. 章法：
(1)本課的文體是兒歌，輕快的語調朗朗上口，以有趣的方式寫出學校的人與物。

(2)研討全課大意、分段大意:

全課大意:學校裡有大樹、小草和許多好同學,我的學校真好。

分段大意:第一段:學校裡有大樹和小草。

第二段:學校有許多小朋友一起活動。

(3)結構分析:

我的學校好 ─┬─ 第一段─學校植物多。
　　　　　　└─ 第二段─學校小朋友好。

(第一、二段是並列關係。)

(4)主旨:學校有許多植物和許多小朋友,真好。

2.句子練習

(1) ……和……

大樹和小草說悄悄說。
同學和我手拉手。

(2) 一起……

我們一起唱歌。
我們一起說笑話。

四、教學資料庫

(一) 語文活動二解答參考

第10頁【對話練習】

復習「是……也是」的句子,對話俏皮、活潑,用說相聲的方式來對話。

第11頁【相反詞練習】

讓學生由字→詞→語,作伸長的練習,老師要解釋「笑話、好話、悄悄話」以及「兒歌、老歌」的意思。

3. 詞語練習:

(1) 悄悄話
　　看看書
　　唱唱歌
　　喝喝茶
　　彈彈琴

(2) 好高好高
　　好多好多
　　好美好美
　　好胖好胖
　　好長好長

(3) 手拉手
　　肩併肩
　　面對面

習作解答參考

(二)

A 本

【習作 (一)】

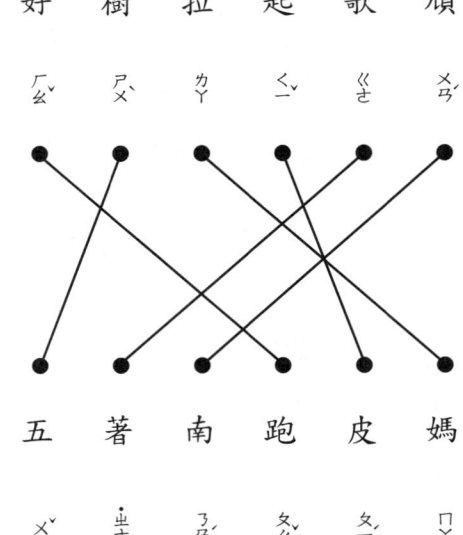

【習作 (二)】

（山坡上）（花）（草）

（他）（好老師）（好老師）

（以上答案，僅供參考。）

B本

【習作 (一)】

好大好（大）、好（小）好小、好多好（多）

【習作 (二)】

1.（好高） 2.（好低） 3.（好小） 4.（好長）

【全新版】華語 第二冊 教學指引 20

三 上課和下課

一、聆聽與說話

(一) 語文遊戲：老師說

1. 仔細聽老師口令，「老師說站起來」小朋友就要站起來，「老師說拍拍手」小朋友就要拍拍手……
2. 老師的口令是「站起來」、「拍拍手」，小朋友就不要站起來，也不可以拍拍手。
3. 這個遊戲是訓練兒童聽的能力，使兒童注意力集中。

(二) 看圖說話

老師引導小朋友觀察課本的情境圖，在師生回答中，讓小朋友達到「多看、多想、多說」的目的。

1. 上課了，小朋友要到哪兒去？（小朋友都要進教室。）
2. 上課時，小朋友都在做什麼？（小朋友都在讀書。）
3. 上課時小朋友要怎麼樣？（專心聽課。）
4. 下課了，小朋友可以去哪兒？（小朋友可以到操場，也可以留在教室。）
5. 小朋友怎麼知道上課或下課？（聽鐘聲。）
6. 下課時，小朋友都在做什麼？（到操場玩遊戲、上廁所。）

二、閱讀與識字

(一) 提出詞語

1. 兒童舉手提出本課詞語，教師將詞語寫在黑板上。
2. 老師範念後，再領念，並矯正發音，兒童可全體念、分組念、個別念。

(二) 詞義教學

1. **上課**：老師教課或學生聽課。
2. **拿出**：把東西取出來。以動作示意。
3. **筆**：可以寫字的工具。以實物示意。
4. **讀書**：閱讀書籍。以動作示意。
5. **拍球**：用手輕輕打球。以動作示意。

(三) 概覽課文

1. 兒童把課文情境圖看一次。
2. 教師領讀課文。
3. 兒童試讀課文（齊讀、分組讀、個別讀）。
4. 兒童試說大意。

6. 溜滑梯：遊戲的一種。以圖片或實物示意。
7. 告訴：跟別人說。以例句說明：請你告訴我今天星期幾。
8. 快：和「慢」相反，如快跑、快說。

(三) 字形教學

1. 習寫字：

課（言）部　球（玉）部
拿（手）部　你（人）部
出（凵）部　滑（水）部
書（曰）部　告（口）部
也（乙）部　訴（言）部
拍（手）部　快（心）部

2. 認讀字：

(1) 以食指書空練習。
(2) 「出」為上下兩層，下面的要比上面的大些。

筆（竹）部　溜（水）部
讀（言）部　梯（木）部

三、閱讀與寫作

(一) 內容深究：引導兒童回答問題。

1. 上課時拿出書，拿出筆要做什麼？（要讀書。）
2. 上課時除了讀書外，還做什麼？（做實驗、唱歌。）
3. 上課時和下課時有什麼不同？（上課時要認真，下課時要愉快。）
4. 上課時聽到下課鐘聲，你會覺得怎麼樣？（要下課了，真高興。）
5. 下課時可以做哪些活動？（打球、溜滑梯。）
6. 下課時我們常去哪些地方？（操場、廁所。）
7. 下課除了拍球、溜滑梯，還可以做什麼活動？（爬竿、盪秋千……。）
8. 說一說喜歡下課，還是喜歡上課，為什麼？
9. 你告訴我，我的皮球拍得好。我也告訴你，你的滑梯溜得快。表示兩位小朋友的感情怎麼樣？（兩人感情很好。）

(二) 練習朗讀課文

本課要讀出愉快的感覺，音調要輕快，上揚。

1. 老師領念。

2. 指定兒童分組或個別念。
3. 鼓勵兒童回家念給父母聽。

(三) 形式深究（僅供教師參考）

1. 章法：
(1) 本課的文體是詩歌。
(2) 研討全課大意、分段大意：

全課大意：上課了，我們一起讀書；下課了，我們一起玩。

分段大意：
第一段：上課了，我們一起讀書。
第二段：下課了，我們一起玩。

(3) 結構分析：本課為並列式的寫作

上課和下課
├─ 第一段―上課了，我們一起讀書。
└─ 第二段―下課了，我們一起玩。

(4) 主旨：上課時認真讀書，下課時快樂的玩。

2. 句子練習：
(1) ……一起……
我們一起讀書。
我們一起說笑話。

四、教學資料庫

(一) 語文活動三解答參考

(2) ……拿出……也拿出……

我拿出書來，也拿出筆來。

我拿出筆來，也拿出紙來。

(3) ……告訴……

你告訴我，我的皮球拍得好。

我告訴你，你的滑梯溜得快。

3. 詞語練習：

拍得好

溜得快

打得妙

跳得高

吃得多

唱得少

習作解答參考

(二)

第16頁【對話練習】

練習代名詞「你、我、我們」及動詞「拍、溜、跳、吃、唱」的運用。

第17頁【念一念】

詞的組合有許多變化，此處指導學生依箭頭念，並討論詞的意思。

A 本

【習作(一)】：學生寫完指導，分辨一下部首與動作的關係

（唱）（叫）（說）（讀）（吃）

（拉）（拍）（打）（拿）

（跑）（跳）

【習作(二)】

- （我們一起唱歌。）
- （我們一起說笑話。）
- （我拿出筆來，也拿出紙來。）
- （我告訴你，你的滑梯溜得快。）

（以上答案，僅供參考。）

B本

【習作(一)】

1. 筆(ㄅㄧˇ)(紙)(ㄓˇ)
2. 筆(ㄅㄧˇ)(紙)(ㄓˇ)
3. 拍(ㄆㄞ)溜(ㄌㄧㄡ)
4. 拍(ㄆㄞ)溜(ㄌㄧㄡ)
5. 一(ㄧˋ)起(ㄑㄧˇ)
6. 一(ㄧˋ)起(ㄑㄧˇ)

【習作(二)】

(2.4.6.句加上「因為」成了因果句。)

1.（拍得好） 2.（吃得好） 3.（唱得好）

【全新版】華語 第二冊 教學指引

第二單元　新年

總說

本單元利用兒童的生活經驗，導引兒童由家庭生活中，認識寒冷的冬天裡，「耶誕節」和「新年」兩個重要的節日。由過節中，體會全家在一起，其樂融融的感覺。

在此單元中，第四課「雪人」，由寒冷的雪地談起，直到第六課「新年到」，所呈現出的歡樂氣氛結束，是修辭學中的「對比」關係。第五課談「樹上、樹下」也強調對比的關係。另外，就是單位量詞的認識與運用，此部分要多作練習。標點符號方面，除了逗點與句號外，新出現了冒號，但不需要特別的強調。

四　雪人

教材說明

1. 本課是詩歌，由兒童的所見來描寫冬天：雪花滿天飄，地面上的山、樹、房子全都白茫茫的一片。
2. 由「冷冷的雪地裡」到「我的雪人坐著對我笑」，讓人有由「寒」到「暖」的對比感受。整課文字簡潔，「雪地」、「雪花」、「山」、「樹」、「房子」、「雪人」這些名詞，都是兒童生活經驗中已有的，學習起來並不難。

教學重點

1. 理解課文中的句子，學會「……變……變……也變……」的句型。
2. 認識並學習疊字詞「冷冷的」、「片片的」。
3. 認識並能應用標點符號逗號（，）和句號（。）。

教學建議

1. 朗讀課文時，為了讀出寒冷的感覺，音調要放緩、放慢。
2. 本課生字「片」要注意寫法的指導。
3. 提醒兒童本課描寫景物，由遠而近，非常有條理。

五 耶誕樹

教材說明

1. 本課是記敘文，描寫耶誕節歡樂的氣氛，重點放在客廳的那棵耶誕樹上。
2. 耶誕樹上有許多小燈，一閃一閃的，就像是天上的星星，樹下有一包一包的禮物，這些禮物充滿著愛意。整課由總（耶誕樹）而分（樹上、樹下），結構非常清楚。

教學重點

1. 理解課文中的詞語和句子，學會運用「……掛著……」「……站在……」的句型。
2. 學習「星星→閃亮的星星→樹上掛著閃亮的星星」將句字伸長。
3. 認識標點符號冒號（：）。

教學建議

1. 朗讀課文時，要輕快一點，才能表現出過節前的歡樂氣氛。
2. 本課生字「閃」要注意寫法的指導。
3. 與兒童討論小燈和星星的關係，以及為什麼樹下的禮物是愛的禮物。

六 新年到

教材說明

1. 本課是詩歌，描寫農曆新年的快樂氣氛。上一課是描寫西洋人的節日，本課是中國人的節日，在取材上希望能取得平衡。
2. 新年有許多習俗，本課只就小朋友容易懂的「看到……」「拿到……」以及大街上的舞獅、舞龍來描寫。

教學重點

1. 理解課文中的詞語和句子，學會運用「……是……」、「……拿……」、「……真……」來造句子。
2. 學習「看到……」、「拿到……」、「喝到…」、「吃到…」及「笑嘻嘻」「氣呼呼」等詞語。
3. 復習標點符號逗點（，）和句號（。）。

教學建議

1. 朗讀課文時，可以輕快一些，音量也可以大一些，表現出歡樂的氣氛，如果加上三角鐵或響板等節奏樂器，更可以增加熱鬧氣氛。
2. 本課生字「恭」要注意寫法的指導。
3. 教學時，可讓兒童回家問新年習俗，大家討論交換各地的習俗資訊。

四、雪人

一、聆聽與說話

(一) 語文遊戲：猜謎

1. 一個娃娃又白又胖，不怕冷來不怕風，只怕太陽老公公。(猜一物)──雪人。

2. 一朵朵美麗的花，穿著雪白的衣裳。每一朵都不一樣，薄薄的、輕輕的，由天而降，到了地面就不見了。(猜一物)──雪花。

(二) 看圖說話

以提問的方式，引導兒童觀察課文情境圖，引導兒童用完整的話來回答。

1. 圖上白白的是什麼？(圖上白白的是雪。)
2. 雪摸起來是什麼感覺？(雪摸起來冷冷的、冰冰的。)
3. 下雪天，我們會有什麼感覺？(下雪天，我們會覺得很冷。)
4. 雪地為什麼會冷冷的？
   (冬天才會下雪，所以雪地會冷冷的。)
5. 為什麼「山變白了，樹變白了，房子也變白了」？
   (因為雪把山、樹和房子都遮蓋住了。)

二、閱讀與識字

(一) 提出詞語
1. 兒童舉手提出本課語詞，教師將詞語書寫在黑板上。
2. 教師範念後，再領念，並矯正發音，兒童可全體念、分組念、個別念。

(二) 詞義教學
1. 雪人：用雪堆成的人，以圖片或實物示意。

(三) 概覽課文
1. 兒童把課文情境圖看一次。
2. 教師領讀課文。
3. 兒童試讀課文（齊讀、分組讀、個別讀）。
4. 兒童試說大意。

7. 下雪天，小朋友可以玩什麼？（下雪天可以滑雪、打雪仗和堆雪人。）
6. 下雪時，除了山、樹、房子會變白，還有什麼會變白？（下雪時，在室外的東西都會被雪遮住，都會變白。）

2. **雪地裡**：指雪地上，老師以圖片示意。
3. **片**：薄而扁平的東西，以名片、卡片、明信片等實物說明。
4. **雪花**：空中飄下的雪，形狀像花，所以叫雪花。以圖片示意。
5. **變白**：以實物操作示意。
6. **了**：語尾助詞，如：來了、去了。
7. **樹**：木類總稱，以實物或圖片示意。
8. **房子**：以圖片示意。
9. **也**：表示同樣。舉例示意：他去，我也去。
10. **冷冷的**：是熱的，溫暖的相反，老師可開冷氣示意。
11. **坐著**：彎曲下肢，將臀部放在其他東西上休息的持續動作，以動作示意。
12. **對我笑**：向著我露出高興的表情。以表情示意。

(三) **字形教學**

1. 習寫字：

雪（雨）部　　亮（亠）部

地（土）部　　變（言）部

裡（衣）部　　房（戶）部

片（片）部　　坐（土）部

三、閱讀與寫作

(1) 以食指書空練習。

(2) 區分「也」和「地」的不同。

(3)「片」是「⽊」最早的寫法，就是「⽊」(木) 少掉左邊一半的意思。

漂（水）部　對（寸）部

(一) 內容深究

引導兒童就課文內容回答問題。

1. 一年之中，哪一個季節會下雪？（冬天才會下雪。）

2. 為什麼用「冷冷的」來描寫「雪地」？（下雪是在寒冷的冬天，雪又是白的，所以雪地會讓人覺得冷冷的。）

3. 為什麼說「片片的雪花」？（雪花不是真的花，它薄而扁平，就像名片一樣，所以用片片的形容。）

4. 山和樹為什麼會變白？（因為被雪覆蓋了。）

5. 為什麼說房子「也」變白了呢？（因為山和樹變白了，房子變白了和前面狀況相同，所以加「也」字。）

6. 這一課課文為什麼要寫兩次「冷冷的雪地」呢？（強調天氣真是冷。）

7.「雪人對我笑」雪人真的在笑嗎？（不一定，有的是做的雪人有笑容，有的是作者自己想像雪人在笑。）

(二) 練習朗讀課文

本課要讀出寒冷的感覺，音調要放緩、放慢。

1. 老師領念。
2. 指定兒童分組或個別念。
3. 鼓勵兒童回家念給父母聽。

(三) 形式深究（僅供教師參考）

1. 章法：
   (1) 本課文體是詩歌，描寫景物，由遠而近，非常有條理。
   (2) 研討全課大意、分段大意：

   全課大意：雪地裡白白的一片，所有的東西都被雪覆蓋住了。雪地冷冷的，只有自己做的雪人坐在雪地裡很高興的樣子。

   分段大意：
   第一段：雪地裡下著雪花。
   第二段：山、樹、房子變白了。
   第三段：雪人對我笑。

(3) 結構分析：

雪人 ─┬─ 先說──雪地下著雪花。
　　　├─ 再說──山、樹、房子變白了。
　　　└─ 後說──雪人對我笑。

(4) 主旨：雪地冰冷，但是美麗又有溫情。

2. 句子練習：

(1) ┃變……┃
　　山變白了。

(2) ┃變……變……也變……┃
　　山變白了，樹變白了，房子也變白了。

(3) ┃……了┃
　　哥哥樂了。

3. 詞語練習：

(1)「冷冷的」雪地

(2)「片片的」雪花

四、教學資料庫

(一) 語文活動四解答參考

第24頁【連一連】

女部 —— 口右名叫吵和。
口部 ✕ 日是星昨明晚。
日部 —— 女妙媽姐妹奶。

第25頁【寫一寫】

(1)冰天雪地：指下雪很深，天地都是冰雪。
(2)日日月月：指一天又一天，一個月又一個月。
(3)日月星辰：指太陽、月亮和星星。
(4)月下老人：管男女愛情的老人。他常在有月亮的晚上出現。

(二) 習作解答參考

A本

【習作（一）】

1. （片片）
2. （冷冷）
3. （坐著）
4. （高高）

【習作（二）】

1. 房子變白
2. 雪人坐著
3. 大樹好高
4. 奶奶上街

B本

【習作㈠】

1.（冷冷的） 2.（高高的） 3.（大大的） 4.（小小的）

【習作㈡】

1.（媽媽）（爸爸）（我）

2.（爺爺）（奶奶）（老師）

五 耶誕樹

一、聆聽與說話

(一) 語文遊戲：大西瓜

1. 老師說大西瓜時，小朋友兩手就要比大西瓜。
2. 老師說小西瓜時，小朋友兩手就比小西瓜。
3. 老師下口令，比錯的小朋友出局，最後剩下的就是勝利者。
4. 遊戲是讓兒童清楚大、小對比。
5. 此遊戲也可以配合課文利用「上、下」來玩，老師說樹上，小朋友就站著，老師說樹下，小朋友就蹲下，沒有依口令做的就淘汰，最後剩下的就是勝利者。

(二) 看圖說話

老師讓小朋友觀察課本上的情境圖，引導兒童用完整的話來回答。

1. 圖畫中這是一棵什麼樹？（圖畫中的樹是耶誕樹。）
2. 樹下放的一包一包是什麼？（樹下放的是一包一包的禮物。）
3. 樹上掛著什麼？（樹上掛著是一閃一閃的小燈。）
4. 樹上除了小燈還掛了什麼？（許多漂亮的裝飾品。）

二、閱讀與識字

(一) 提出詞語

1. 兒童舉手提出本課語詞，教師將語詞寫在黑板上。
2. 老師範念後，再領念，並矯正發音。

(二) 詞義教學

1. **耶誕**：基督教徒稱耶穌的誕生日為聖誕節，又稱「耶誕」。
2. **棵**：計算植物數量的單位詞。

(三) 概覽課文

1. 學生再把情境圖看一次。
2. 兒童默讀課文。
3. 老師領讀課文。
4. 老師可指導學生，採輪流方式，一組念一句。
5. 今年的耶誕節，你為家人準備了什麼禮物？
6. 今年的耶誕節，你最希望能得到什麼禮物？

(三) 字形教學

1. 習寫字：

耶（耳）部　禮（示）部
誕（言）部　物（牛）部
棵（木）部　閃（門）部
站（立）部　燈（火）部
客（宀）部　掛（手）部

3. **高大**：又高又大。可以舉校園的大樹說明。也可用例句說明。例：爸爸很高大。
4. **站在**：可由動作示意說明：站在教室門口。
5. **家**：爸爸、媽媽和兄弟姊妹，共同生活的人。可舉實例說明，如：家人。
6. **客廳**：在家中接待客人的場所，可以用圖片說明。
7. **有**：「沒」的相反，表示持有、擁有。可以舉例說明，如：有錢、有書。
8. **包**：計算包裝物的單位，可用實物說明。
9. **禮物**：送人家的禮品，用來表達友誼及敬意。
10. **閃亮**：會發出光來。用語詞示意，例：閃亮的星星、閃亮的小燈。
11. **燈**：照明的用具，可以用實物說明。
12. **掛**：可把學生作品掛起來以示意說明。請小朋友表演『掛』的動作。

包（勹）部　愛（心）部

(1) 以食指書空練習。

(2)「閃」門內是「人」不是「入」。

2. 認讀字：

廳（广）部

三、閱讀與寫作

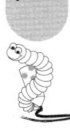

(一) 內容深究：引導兒童就課文內容回答問題。

1. 客廳裡有什麼東西？（客廳裡有一棵耶誕樹。）
2. 樹下有什麼東西？（樹下有一包一包的禮物。）
3. 樹上有什麼東西？（樹上有一閃一閃的小燈。）
4. 小燈像什麼東西？（小燈像閃亮的星星。）
5. 為什麼用「一包一包」的禮物，「一閃一閃」的小燈？（表示數量很多。）
6. 媽媽為什麼要特別說樹下的禮物是「愛的禮物」呢？（因為是全家人用心挑選出來要送對方的。）
7. 說一說你得到「愛的禮物」時，心中的感想。

(二) 本課和前一課剛好相反，前一課描寫雪地，很寒冷，音調要放緩、放慢。本課是耶誕節前的準備，有禮物，要有溫馨的感覺，再加上燈光，是很溫暖的，朗讀時，可以輕快一些，才有歡樂的氣氛。

1. 老師領念。
2. 指定兒童輪念。
3. 鼓勵小朋友回家念給父母聽。

(三) **形式深究**（僅供教師參考）

1. 章法：

(1) 本課的文體是記敘文，描寫耶誕節歡樂氣氛，重點放在客廳的那棵耶誕樹上，描寫樹上的小燈像星星，樹下的禮物是愛的禮物。

(2) 研討全課大意、分段大意：

全課大意：客廳裡高大的耶誕樹上有小燈，樹下有許多禮物。

分段大意：
第一段：客廳有一棵耶誕樹。
第二段：樹上有小燈，樹下有禮物。
第三段：小燈像閃亮的星星，禮物是愛的禮物。

(3) 結構分析：

練習朗讀課文

五 耶誕樹

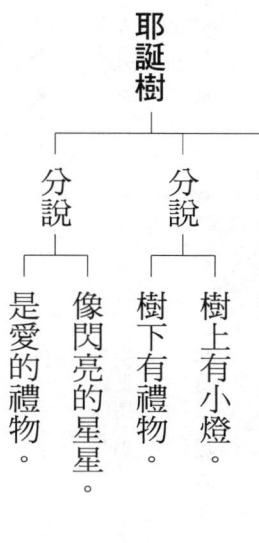

耶誕樹
- 總說—客廳有一棵耶誕樹。
- 分說
  - 樹上有小燈。
  - 樹下有禮物。
- 分說
  - 像閃亮的星星。
  - 是愛的禮物。

(4) 主旨：耶誕樹下有家人準備的愛的禮物，樹上的小燈代表希望。

2. 句子練習：

(1) 星星 → 閃亮的星星 → 樹上掛著閃亮的星星。

(2) 掛著⋯⋯ 禮物 → 愛的禮物 → 樹下是愛的禮物。

(3) 站在⋯⋯
樹上掛著閃亮的星星。

一棵高大的耶誕樹，站在我家的客廳。

3. 詞語練習：

「一棵一棵」的小樹

「一座一座」的大山

「一閃一閃」的小燈

「一包一包」的禮物

【全新版】華語 第二冊 教學指引 46

4. 數量單位詞：一棵大樹、一包禮物、一顆星星、一個星期、一斤李子、一片西瓜、一粒石子、一隻八哥、一位爸爸、一朵白雲。

四、教學資料庫

(一) 習作解答參考

A本

【習作 (一)】

教學提示：師生共同討論（裡↔外、前↔後、冷↔熱、哭↔笑、上↔下）兩者之間對比的關係，然後再讓學生各自習寫。

1. 外面 — 後面
2. 前面 — 很熱
3. 很冷 — 大哭
4. 大笑 — 樹上
5. 樹下 — 裡面

房子的前面後面都有花。

很冷很熱的天，我都不喜歡。

他一下子大哭，一下子大笑。

樹上樹下都有小鳥。

客廳裡面外面都有人。

五 耶誕樹

【習作(二)】

教學提示：一閃一閃，一包一包……都表示強調數量多，教學指引的3.詞語練習及4.數量單位詞，要多指導一下。

A本

1. （包）（包）
2. （棵）（棵）
3. （個）（個）
4. （粒）（粒）
5. （片）（片）

B本

【習作(一)】

1. 下著（ㄒㄧㄚ˙ㄓㄜ）————妹妹（ㄇㄟˋ˙ㄇㄟ）（　）好聽的歌（ㄍㄜ）。
2. 掛著（ㄍㄨㄚˋ˙ㄓㄜ）————樹上（ㄕㄨˋㄕㄤˋ）（　）閃亮的星星（ㄕㄢˇㄌㄧㄤˋ˙ㄉㄜㄒㄧㄥㄒㄧㄥ）。
3. 笑著（ㄒㄧㄠˋ˙ㄓㄜ）————天上（ㄊㄧㄢㄕㄤˋ）（　）片片的雪花（ㄆㄧㄢˋㄆㄧㄢˋ˙ㄉㄜㄒㄩㄝˇㄏㄨㄚ）。
4. 唱著（ㄔㄤˋ˙ㄓㄜ）————爺爺（ㄧㄝˊ˙ㄧㄝ）（　）說（ㄕㄨㄛ）：「換我。換我（ㄏㄨㄢˋㄨㄛˇ）。」

【習作 (二)】

教學提示：耶誕樹是名詞，前頭加形容詞「高大的」，來形容這棵耶誕樹，再前面加單位量詞「一棵」，不會寫的字，可讓學生注音。

1. （閃亮的）（一顆）（閃亮的）
2. （好大的）（一個）（好大的）
3. （很小的）（一粒）（很小的）

（以上非固定標準答案，僅供參考。）

五 耶誕樹

六 新年到

一、聆聽與說話

(一) 語文遊戲：大小紅包

1. 準備大、小兩個紅包，遊戲開始，大、小紅包放在不同組的桌上。
2. 讓兒童去傳遞，大紅包要追小紅包，當大紅包追上小紅包，也就是兩個紅包同在一張桌上時，那位小朋友就要站起來朗讀課文。
3. 提醒大家注意遊戲規則，大、小紅包要傳時，只能一張一張桌子傳，不可以用丟的。本遊戲要提醒兒童觀察大、小紅包的差別，並能訓練兒童的專注力。

(二) 看圖說話

老師引導小朋友觀察課本的情境圖，在師生一問一答中，使小朋友達到「看一看、想一想、說一說」的目的。

1. 課本上的圖，在什麼時候才看得到？（過新年時。）
2. 圖上畫的景物，讓你有很冷的感覺，還是熱鬧的感覺？（很熱鬧，很快樂的感覺。）
3. 新年時，小孩會跟大人說什麼？（恭喜，恭喜，新年好。）
4. 大人會給小孩什麼？（大人會給小孩紅包。）

二、閱讀與識字

(一) 提出詞語

1. 兒童舉手提出本課詞語,老師將詞語寫在黑板上。
2. 教師範念語詞,再領念,兒童可團體念、分組念、個別念。

(二) 詞義教學

1. 新年:一年的開始。

(三) 概覽課文

1. 學生把課文情境圖看一次。
2. 老師領讀課文。
3. 兒童試讀課文(齊讀、分組讀)。
4. 兒童試說大意。

5. 紅包裡放了什麼?(壓歲錢。)
6. 圖片裡面的人在做什麼?(圖片裡面的人在舞龍舞獅。)
7. 你家過年會做什麼?

2. 看到：以表情示意。可以再加例句示意，如：我看到舞獅。
3. 恭喜：很吉利的話。請小朋友起立說恭喜，並比動作。
4. 拿：用動作示意。例如：我拿鉛筆，我拿紅包。
5. 紅：指出教室裡紅色的東西。例如：紅筆、紅衣服。
6. 笑嘻嘻：很開心的笑出聲音。以表情示意。
7. 你：指第二人稱或對方。如你我。
8. 舞獅：拿著獅子的道具在跳舞。以圖片示意。
9. 舞龍：拿著龍的道具在跳舞。以圖片示意。
10. 真：非常，「很」的意思。例如：你真可愛、他真頑皮。
11. 奇妙：稀奇而神妙。舉例說明。例如：0加1，可以變成10，可以變成9，可以變成6，真奇妙。

(三) **字形教學**

1. **習寫字**：

新（斤）部　　舞（舛）部

年（干）部　　獅（犬）部

恭（心）部　　龍（龍）部

喜（口）部　　奇（大）部

街（行）部

三、閱讀與寫作

(1) 以食指書空練習。

(2)「恭」是心部，下面左邊一點，右邊兩點。

(3)「年」是干部，「奇」是大部，這些部首很特別，要提醒注意。

(一) 內容深究：引導兒童就課文內容回答問題。

1. 課文中指的新年是國曆新年，還是農曆新年？（指的是農曆新年。）

2. 新年時，看到大人為什麼要說恭喜？（古代傳說，每年年底「年獸」就會跑出來吃人，所以新年一見面，看到大家都健康，就會互相說恭喜。）

3. 新年時，拿到紅包為什麼笑嘻嘻？（因為紅包裡有錢，所以收到紅包的人都很開心。）

4. 紅包裡的錢可以拿來做什麼？

5. 新年時，街上為什麼會有舞龍舞獅？（大家表達快樂喜慶時會做的活動，讓過年很熱鬧。）

6. 你喜不喜歡過年？為什麼？

7. 你還知道過年有什麼特別的習俗？（魚不可以吃完，要吃水餃，說是元寶……。）

(二) 練習朗讀課文

本課和第五課「聖誕樹」一樣，朗讀時音量可以大聲、輕快一些，表現出歡樂的氣氛，朗讀此課，可以加鈴鼓或響板等節奏樂器，增加熱鬧氣氛。

1. 老師領念。
2. 指定小朋友分組或個別念。
3. 加上節奏樂器，或用拍手打節奏。

(三) 形式深究（僅供教師參考）

1. 章法：
   (1) 本課是沒有押韻的詩歌，分成兩大部分，第一部分是描寫在家裡「看到」的和「拿到」的，第二部分是大街上熱鬧的情景。
   (2) 研討全課大意、分段大意：
   全課大意：新年到大家都很開心，街上也很熱鬧。
   分段大意：
   　第一段：新年到。
   　第二段：在家裡說恭喜拿紅包，在街上有舞龍舞獅。
   　第三段：新年真是奇妙。

(3) 結構分析：

新年到
- 總說 —— 新年到。
- 分說
  - 內（家裡）—— 說恭喜拿紅包。
  - 外（街上）—— 舞龍舞獅。
- 總說 —— 這個過年真奇妙。

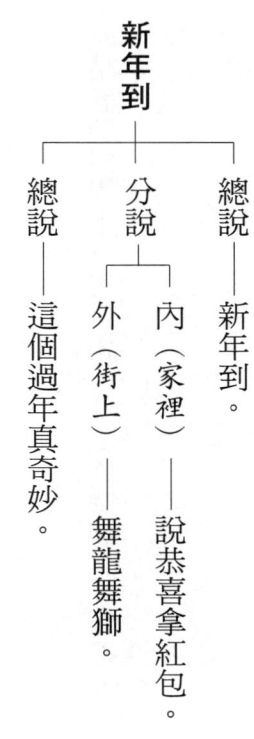

(4) 主旨：新年時大家很快樂。

2. 句子練習：

(1) ……是……
你是男生。

(2) ……喜歡……
我喜歡唱歌。

(3) ……拿……
我拿到紅包笑嘻嘻。

(4) ……真……
新年的舞龍舞獅真奇妙。

3. 語句練習：
(1) 看到大人，拿到紅包，喝到冰水，吃到比薩
(2) 笑嘻嘻
氣呼呼
笑哈哈

四、教學資料庫

(一) 習作解答參考

A本

【習作 (一)】
（拿）（笑）（說）（舞）（掛）（捶）

【習作 (二)】
本題請老師與學生一起討論，學生依個別狀況作答。

B本

【習作㈠】

獅（王）、禮（物）、學（校）

街（上）、家（人）、雪（地）

（以上答案，僅供參考。）

【習作㈡】

本大題是開放性問題，老師可與學生一起討論，學生依個別狀況作答。

第二單元　朋友

總說

本單元以「禮貌」為主題，分別介紹打電話、排隊以及作客時應有的應對。三課課文以「小明」為主角，描述小明打電話邀約朋友小安、小明到超市買東西的情形，以及小安來家中作客、小安回請小明的情節。三課巧妙的串連成一個完整的故事。在有趣的課文中，指導學生會有日常生活中應有的禮貌態度。

在這個單元中，第七課「打電話」是一篇短文，主角小明打電話約小安，電話由小安的媽媽接的。雖然是大人與小孩的對話，但都充分表現應有的禮節。第八課「排隊」，描述小明和媽媽到超市買完菜要結賬的情形，小明從錯誤的行為中，體會排隊的重要。第九課「請朋友吃飯」是一首詩，描述兩位小朋友到對方家作客的情形。

教學實應指導學生體會「禮貌」的重要，學習用禮貌的態度應對，不但可以增進人際關係，也是有效的溝通與表現。

教材說明	教學重點	教學建議
七　打電話 1.本課是記敘文，由三段構成，以電話的對話內容為主。 2.語文活動「我會打電話」，提供學生打電話的練習。 3.語文活動「變一變」，統整同部首的字，強化識字能力。 4.語文活動「連一連」：找出有禮貌的講電話方式」，引導學生在說電話時，也能注意禮貌。	1.學習用有禮貌的語言說電話內容。 2.本課的重要句子是「請問……」、「……什麼……」。 3.練習包含「打」、「接」的動作詞語。 4.練習語詞接龍，強化字詞的應用。	1.鼓勵學生說出自己接聽電話的相關經驗，並說出聽到有禮貌應答時心中的感受。 2.以角色扮演的方式，演練有禮貌地說電話的情形。

八 排隊

教材說明
1. 本課是記敘文，以結賬時沒有排隊的生活插曲，表現排隊的重要。
2. 語文活動「比一比」，比較有相同部分的字。
3. 語文活動中，請學生說一說在超市可以買到哪些東西，結合生活經驗。
4. 習作「選一選」，用比較近似的句子，讓學生學習分辨句子的意思。

教學重點
1. 體會「好好排隊，事情可以做得更快」的道理，表現遵守秩序的態度。
2. 本課的重要句子是「⋯⋯才⋯⋯」、「⋯⋯一下子⋯⋯一下子⋯⋯」、「⋯⋯下次⋯⋯」。
3. 練習使用「來」、「去」的動詞詞語。

教學建議
1. 鼓勵學生說出自己關排隊的生活經驗。
2. 安排到超市購物的活動，讓課文與生活的經驗相結合。

九 請朋友吃飯

教材說明
1. 本課是記敘文，以故事性的情節，表現兩位小朋友到對方家作客的情形。
2. 語文活動「說一說」，提供邀約時的應答問題。
3. 語文活動「變一變」，比較「心」的兩種不同寫法。
4. 習作B本㈠「想一想」，練習兩種不同的問話方式。

教學重點
1. 從課文中發現主角不正確的地方，進而學習吃飯時應有的禮貌表現。
2. 本課的重要句子是「⋯⋯都⋯⋯」、「⋯⋯請⋯⋯」、「⋯⋯一邊⋯⋯一邊⋯⋯」、「⋯⋯是⋯⋯不是⋯⋯」。
3. 練習使用「東」、「西」的動詞詞語。

教學建議
1. 利用時機，演練吃飯時的禮節。
2. 以有節奏的方式誦讀課文，表現詩歌的趣味。

第三單元 朋友 59

七 打電話

一、聆聽與說話

(一) 語文遊戲：電話來了

1. 本遊戲是透過打電話遊戲，培養學生的電話禮節。
2. 請兒童說說看：什麼時候需要打電話？
3. 老師利用課餘教兒童用紙杯或罐子製作小話筒。
4. 按鈴通話：鈴聲響時，由教師扮演打電話者，兒童接電話。
5. 教師運用禮貌對話，與兒童進行日常生活的交談。
6. 兒童兩兩練習打電話遊戲。
7. 請小朋友說一說：打電話的感想。

(二) 看圖說話

以提問方式，引導兒童用完整的句子回答問題。

1. 小明在做什麼？
2. 誰接了電話？
3. 小明告訴小安的媽媽什麼事？

二、閱讀與識字

(一) 提出詞語

1. 兒童舉手提出本課詞語，教師補充並將所有詞語書寫在黑板上。
2. 教師範念後，再領念，並矯正發音，兒童可全體念、分組念、個別念。

(二) 詞義教學

1. **吃飯**：請兒童表演吃飯的動作，並討論用餐禮儀。
2. **打電話**：請兩位兒童表演打電話、接電話的情形，並討論電話禮儀。

（承前）

(三) 概覽課文

1. 學生安靜看一遍課文。
2. 教師範讀課文一遍。
3. 教師領讀課文。
4. 兒童試讀課文（齊讀、分組讀、個別讀、輪流讀幾句都可）。
5. 兒童試說大意。

4. 掛電話前會說什麼話？

(三) 字形教學

1. **習寫字**：以食指書空練習，也可以讓小朋友上臺試寫。

打（手）部　　找（手）部
請（言）部　　什（人）部
吃（口）部　　麼（麻）部
飯（食）部　　可（口）部
給（糸）部　　以（人）部
接（手）部　　記（言）部
問（口）部

2. **認讀字**：

電（雨）部　　能（肉）部
事（亅）部　　謝（言）部

7. **記得**：把事物記在腦中。請兒童說說自己記得小時候的事。

6. **可以**：允許、能夠。舉例說明什麼事是「可以」做的？

5. **什麼**：拿一個實物，問：「這是什麼？」請學生回答。再讓學生練習使用「什麼」設問。

4. **找他**：表演找人的動作。

3. **請問**：向人提出問題的敬詞。討論何時會使用「請問」一詞。

約（糸）部

3. 同部首的字：
   (1) 打、接、找：（手）部
   (2) 可、嗎、問、吃：（口）部
   (3) 請、記：（言）部

4. 動態字：打、接、找、問、吃

三、閱讀與寫作

(一) 內容深究：就課文內容引導兒童回答問題。

1. 小明打電話給小安有什麼事？
2. 接電話的人是誰？
3. 小明打電話時，有哪些禮貌的詞語？
4. 為什麼小明要請小安吃飯？
5. 李媽媽為什麼會答應讓小安去吃飯？
6. 你覺得小明是個怎樣的小孩？為什麼？

(二) 練習朗讀課文
　1. 老師領念課文。
　2. 將小朋友分成三組念（旁白、小明、李媽媽）。
　3. 鼓勵小朋友回家跟家人分角色念，並給予機會上臺念給大家聽。另外可以讓三人一組，依文中的三個角色對念。

(三) 形式深究（僅供教師參考）
　1. 章法：
　　⑴ 本課文體是記敘文，主要由三段構成，小明打電話約小安吃飯，李媽媽接了電話，並將轉達小安，最後兩人互說再見。
　　⑵ 研討全課大意、分段大意：
　　　全課大意：小明打電話給小安，小安的媽媽接了電話，確認並會轉告小安明天到小明家吃飯。
　　　分段大意：
　　　　第一段：小明打電話請小安吃飯。
　　　　第二段：小明跟小安的媽媽在電話中，說明請小安吃飯的事。
　　　　第三段：小明跟小安的媽媽說謝謝和再見。

(3) 結構分析：

打電話
├─ 先說─第一段─打電話。
├─ 再說─第二段─電話交談。
└─ 最後說─第三段─電話結束禮節。

(4) 主旨：打電話要說出重點及應遵守的禮節。

2. 句子練習：

(1) 請問……

小安在家嗎？
請問這是誰的書？
請問他回來了嗎？

(2) 什麼……

你找他有什麼事？
這是什麼東西？
你在看什麼書？

3. 動作字詞練習：

打電話　打（棒球）　打（毛衣）
接電話　接（球）　接（人）

四、教學資料庫

(一) 語文活動七解答參考

第40頁【我會打電話】
（請問你知道今天的功課是什麼嗎？）（是第七課習作）

第41頁【變一變】

手（扌）部：接、找
言部：請、話、記
口部：問、可（或叮）、吃

第44頁【連一連】

2.（你找他有什麼事？）3.（好嗎？）4.（再見！）

(二) 習作解答參考

A 本

【習作 (一)】
飯（盒）、問（人）、得（到）、天（空）

【習作 (二)】
（其餘答案無一定標準，可由老師指導學生作答。）

（小鳥）（西瓜）

B本

【習作（一）】

1.（吃飯） 2.（打電話） 3.（爬樹） 4.（看球賽）

【習作（二）】

（˙ㄅㄚ）（ㄏ）（好嗎）（知道嗎）

（ㄎㄜ）（言）（課文）（課本）

（ㄎㄜ）（木）（一棵）（兩棵）

（ㄇㄣ）（門）（大門）（門房）

（ㄨㄣ）（口）（問安）（問話）

(三) 補充資料

1. 時間語詞：時間詞語可以清楚說出事件發生的時間。

例如：昨天我們出去吃飯。
今天是我的生日。
明天我要去旅行。

2. 猜謎

謎題：

> 沒有嘴巴會說話，
> 沒有耳朵會聽話，
> 兩人相隔數千里，
> 卻能坐著在聊天。
> （猜家庭設備）

（謎底：電話）

七　打電話

八 排隊

一、聆聽與說話

(一) 語文遊戲：大家來排隊

1. 選一個較大的活動空間，推派一位同學出來當「路隊長」。
2. 「路隊長」要說：「排隊排隊，（　）人在排隊。」聽到多少人，其他的同學就要趕緊湊齊人數，排成一直行。
3. 沒辦法湊齊人數的，以猜拳的方式（贏的或輸的），選出下一個「路隊長」。

(二) 看圖說話

以提問方式，引導兒童觀察課文情境圖，引導兒童回答。

1. 他們在做什麼？
2. 結賬時為什麼要排隊？
3. 什麼時候需要排隊？
4. 排隊還有什麼好處？
5. 你喜歡排隊嗎？為什麼？

二、閱讀與識字

(一) 概覽課文
1. 學生安靜看一遍課文。
2. 教師範讀一遍課文。
3. 教師領讀課文。
4. 兒童試讀課文（齊讀、分組讀、個別讀、輪流讀幾句都可）。
5. 兒童試說大意。

(二) 提出詞語
1. 兒童舉手提出本課詞語，教師補充並將所有詞語書寫在黑板上。
2. 教師範念後，再領念，並矯正發音，兒童可全體念、分組念、個別念。

(三) 詞義教學
1. 超市：超級市場。請學生說出離家最近的超市是哪一家。
2. 買：出錢買東西。教師舉例說明：我要去買東西。
3. 青菜：以實物或圖片說明，並問學生：最喜歡吃的青菜是什麼？
4. 水果：果子。以實物或圖片說明，並問學生：最喜歡的水果是什麼？

5. 汽水：含有氣體的飲料。以實物說明，並請學生說一說有哪些牌子的汽水。
6. 要：需求。教師提問：你想要的生日禮物是什麼？
7. 隊伍：成行列的一群人。請幾位學生出來，排成一隊，並說出這是幾個人的隊伍。
8. 結賬：買東西後付錢。教師舉例說明：點過餐後要結賬。
9. 排隊：排列隊伍。請幾位學生出來，排成一隊。
10. 下次：下一回。教師舉例說明：他這次忘了帶畫圖用具，下次一定會記得。

(三) **字形教學**

1. 習寫字：

排（手）部　　果（果）部
王（王）部　　汽（水）部
超（走）部　　結（糸）部
去（厶）部　　要（西）部
買（貝）部　　伍（人）部
青（青）部　　次（欠）部

(1) 以食指書空練習。
(2)「次」的左邊為「冫」，不要和「氵」弄混。

2. 認讀字：

隊（阜）部　還（辵）部
菜（艸）部　面（面）部
賬（貝）部　才（手）部
東（木）部　會（日）部

三、閱讀與寫作

(一) 內容深究：引導兒童回答問題。

1. 小明和媽媽做什麼事？
2. 媽媽買了什麼？
3. 小明買了什麼？
4. 小明為什麼不跟媽媽一起排隊結賬？
5. 小明有沒有找到短一點的隊伍？最後呢？
6. 結完賬後，小明跟媽媽說什麼？
7. 為什麼小明找不到一條短一點的隊伍？
8. 什麼時候小明找不到一條短一點的隊伍？
9. 到超市購物，還要注意什麼事情？

(二) 練習朗讀課文

1. 以說故事的語氣來讀，對話部分注意說話者的情緒，做適當的表達。
2. 老師領念課文。指定小朋友念、分組念。
3. 鼓勵小朋友回家念給家人聽或是和家人一起念，並給予機會上臺念。

(三) 形式深究（僅供教師參考）

1. 章法：
   (1) 研討全課大意、分段大意。

   全課大意：小明和媽媽到超市買菜，小明沒有好好的排隊，媽媽結好了賬，還在外頭等他等了很久。

   分段大意：
   第一段：小明和媽媽到超市買菜，媽媽和小明各自買了東西。
   第二段：小明不想跟媽媽一起排隊結賬，想找一條短一點的隊伍結賬。
   第三段：媽媽結好賬，小明還在排隊，小明告訴媽媽，自己下次會好好排隊。

   (2) 結構分析：

   排隊 ┬ 媽媽和小明到超市買東西。
        ├ 結賬時 ┬ 媽媽排隊結賬，
        │   └ 小明東跑西跑，想找一條短一點的隊伍結賬。
        └ 結果 ┬ 媽媽結好賬，
               └ 小明還在排隊。

(3) 主旨：結賬時要好好排隊，事情會做得更快。

2. 句子練習：

(1) ……才……

媽媽等了好久，才看到小明出來。

姊姊想了好久，才想到答案。

這本書我看了好久，才知道結局。

(2) ……一下子……一下子……

小明一下子跑到東，一下子跑到西。

天氣一下子下雨，一下子放晴。

妹妹一下子哭，一下子笑。

(3) ……下次……

我錯過了這次的音樂會，下次我一定會記得。

請你下次帶故事書來我家吧！

3. 詞語練習：在「來、去」兩字之前加上一個動詞，有反覆進行這個動作的意思。

跑來跑去

走來走去

想來想去

吵來吵去

四、教學資料庫

(一) 語文活動八解答參考

第51頁【寫一寫】

（李子）、（球拍）、（西瓜）、（耶誕樹）

（牛排）、（鮮魚）、（日曆）、（花）

（本題無固定的答案，學生先將物品名稱寫出，再根據自己的經驗及當地超市的實際情形，自由作答。）

(二) 習作解答參考

A本

【習作 (一)】

（○）（○）（×）

【習作 (二)】

1.（書） 2.（水果）或（李子） 3.（汽水或可樂） 4.（草） 5.（打電話）

B本

【習作㈠】

㈠（坐）（站）

㈡（打電話）（看書）

【習作㈡】

1. （和氣）（媽媽和我）

㈢ 補充資料

1. 創意思考：

⑴看到長長的一排隊伍，你會想到什麼？
（等著買票、有特價品、這家店賣的東西特別好吃……）

⑵排隊時，可以做什麼事？
（看書、想事情、和人聊天……）

2. 短文一篇：

超市裡，好熱鬧，

新鮮的青菜和水果，

堆得像一座座小山。

現烤的蛋糕和餅乾，

香味傳遍四方。

不管要買什麼,這裡通通有。
我好像走進了百果園,
也好像走進了糖果山。

八 排隊

九、請朋友吃飯

一、聆聽與說話

(一) 語文遊戲：主人請客

1. 選一位同學當「主人」，主人說話的方式分成兩種，一種直接說出要做的動作，一種在前頭加上一個「請」字。

2. 同學要仔細地聽，有「請」字時，「主人」說什麼，其他的人就要照著做動作，如：「主人說：請摸摸自己的頭。」沒有「請」字時，要保持原來的姿勢不動，如：「主人說：原地跳兩下！」

3. 遊戲時大家都站著，弄錯的人坐下，當剩下五人（人數可依遊戲的總人數自行斟酌）左右，這五人就是「主人」邀請的客人，「主人」跟客人握握手，結束這一輪的遊戲。

4. 推選出下一位「主人」，繼續玩遊戲。

(二) 看圖說話

以提問方式，引導兒童觀察課文情境圖，引導兒童用完整的話回答。

1. 小明吃飯時有什麼動作？
2. 小安在小明家吃飯時，有什麼表現？
3. 你覺得吃飯時要怎麼表現比較好？為什麼？

二、閱讀與識字

(一) 提出詞語

1. 兒童舉手提出本課詞語，教師補充並將所有詞語書寫在黑板上。
2. 教師範念後，再領念，並矯正發音，兒童可全體念、分組念、個別念。

(二) 詞義教學

1. **朋友**：和自己感情很好，會一起做事、玩樂的人。請學生說一說，誰是自己的好朋友。
2. **東看西看**：教師以動作說明，並與「專心地看」作比較。
3. **心裡想**：在心中用心地想。請學生先在心裡想一種食品，再告訴旁邊的人。
4. **怎麼**：什麼原因。請學生說一說，自己怎麼上學？

(三) 概覽課文

1. 學生安靜看一遍課文。
2. 教師範讀一遍課文。
3. 教師領讀課文。
4. 兒童試讀課文（齊讀、分組讀、個別讀、輪流讀幾句都可）。
5. 兒童試說大意。

5. **這個**：以動作說明，並與「那個」做比較。
6. **樣子**：外型或特徵。請學生形容自己的穿的衣服，是什麼樣子。
7. **眼前**：眼睛前面。請學生把手放在眼前。
8. **每樣**：各個的意思。教師一一指著桌上的東西，然後說：每樣東西都是我的。
9. **都**：全。教師舉例說明：只是要甜食，他都喜歡。
10. **只**：僅僅。教師舉例說明：他只會唱這首歌。
11. **一半**：二分之一的意思。把餅乾或水果分成一半來說明。
12. **喜歡**：喜好。請學生說一說自己喜歡的故事。

(三) **字形教學**

1. 習寫字：

朋（月）部　　怎（心）部

友（又）部　　只（口）部

東（木）部　　每（毋）部

玩（玉）部　　都（邑）部

心（心）部　　半（十）部

想（心）部　　菜（艸）部

以食指書空練習。

三、閱讀與寫作

(一) 內容深究：引導兒童回答問題。

1. 小安請誰吃飯？小明請誰吃飯？
2. 他們為什麼要請對方吃飯？
3. 小明在小安家表現得好不好？為什麼？
4. 小安在小明家表現得好不好？為什麼？
5. 看到小安的表現，小明心裡怎麼想？
6. 吃飯時，要怎樣做才算有禮貌？

(二) 練習朗讀課文

1. 本課要念出活潑趣味的感覺，音調可以快一點。
2. 老師領念課文。

2. 認讀字：

邊（辶）部　眼（目）部

歡（欠）部

3. 心、想、怎都是心部，與「豎心旁」的「忄」寫法不同。

3. 指定小朋友念、分組念。

4. 鼓勵小朋友回家念給家人聽或是和家人一起念，並給予機會上臺念。

(三) **形式深究**（僅供教師參考）

1. 章法：

(1) 本課文體是記敘文，只有兩段，讀起來有節奏感。透過故事性的情節，刻劃出兩個小朋友在對方家中吃飯的情形。

(2) 課文內容分為兩段，第一段寫小明到小安家作客的情形，第二段寫小安到小明家作客的情形。兩段結構相似。

(3) 研討全課大意、分段大意：

全課大意：小安和小明分別請對方吃飯，兩人吃飯時都忘了應有的禮節。

分段大意：
第一段：小安請小明吃飯，小明吃飯時東張西望。
第二段：小明請小安吃飯，小安每樣東西都只吃一半。

(4) 結構分析：

請朋友吃飯
├─ 小安請小明吃飯
│   ├─ 小明的表現
│   ├─ 小安心裡的想法
│   └─ 小安的表現
└─ 小明請小安吃飯
    ├─ 小安的表現
    └─ 小明心裡的想法

九 請朋友吃飯

2. 句子練習：

(1) ……都……
  這幾本書，都是他的。
  每樣東西，小明都喜歡。
  姊姊和我，都是好學生。

(2) ……請……
  我請媽媽唱歌給我聽。
  奶奶請姊姊捶背。
  老師請小朋友不要吵鬧。

(3) 一邊……一邊
  他一邊吃東西一邊玩。
  姊姊一邊跳舞一邊唱歌。
  我一邊走一邊想。

(4) ……是不是……
  他是不是不喜歡我的菜和飯？
  你是不是我們新老師？
  這裡是不是公園路？

(5) 主旨：吃飯時要注意禮節，才是有禮貌的行為。

四、教學資料庫

(一) 語文活動九解答參考

第55頁【變一變】

（怎→怎麼）（想→想一想）（悄→悄悄話）（快→很快）

第57頁【連一連】

姐姐一邊看電視，一邊吃東西。
妹妹一邊跑，一邊拍手。
哥哥一邊賞花，一邊照相。
弟弟一邊看書，一邊寫字。

3. 詞語練習：

東看西看
東想西想
東問西問

習作解答參考

(二)

A本

【習作(一)】

（眼睛）（一半）（汽水）（吃飯）

【習作(二)】

1. （喜歡） 2. （怎麼） 3. （都） 4. （東看西看） 5. （心裡想）

B本

【習作(一)】

1. （哥哥） 2. （想去看花） 3. （起來了）

【習作(二)】

1. （我）（同學）（吃糖）
2. （我）（妹妹）（喝汽水）
3. （我）（妹妹）（吃水果）
4. （媽媽）（我）（吃水果）
5. （爸爸）（我）（看電影）

（本題無固定答案，以上答案僅供參考。）

(三) 補充資料

1. 創意思考：

(1) 什麼時候我們會請朋友吃飯？（生日、節慶、假日……）

(2)看到朋友做得不夠好的地方,你會怎麼做?(直接告訴他、寫信告訴他、做一次給朋友看……)

2. 童詩一篇:

大樹下請吃飯

大樹下,涼風吹,
我請朋友來吃飯。
敲敲門,道聲好,
客人送來花一把。
請吃飯,請吃菜,
我的手藝真不壞!
擺擺手,說再見,
下次換我當客人。

九　請朋友吃飯

第四單元 休閒活動

總說

本單元利用兒童的生活經驗，導引兒童進入輕鬆的休閒活動。「麻雀」和「房子」，透過互相拜訪、一起喝喝茶、看看彼此的住家，呈現生活的情趣。到「唱歌」則進一步擴大範圍，看看山、聽聽風聲、水聲，在與大自然的唱和中，美化了生活的情趣。

在結構上，麻雀在房子這一課只有兩段，重複的形式，重複的句型，展現簡短而活潑的氣息。「房子」這一課則利用高低、前後和俯仰的視覺效果，構成動態的、交錯的畫面，呈現出愉悅的欣賞之情。「唱歌」這一課，第一、二段描述溪水和微風的聲音，第三段跟著一起唱，唱得陶陶然。三篇各有不同的結構形式，可以作為寫作時的參考。

在此單元中，第十課麻雀中做「在」的句型練習，強調一種狀態的描述；第十一課「房子」則做「住在」的句型練習；而第十二課「唱歌」裡，著重聲音的摹寫練習，聲音摹寫以注音符號表示即可。另外，補充資料裡有謎語、俏皮話兒歌、繞口令等等，可以斟酌補充使用。

十 麻雀

教材說明

1. 本課文體是詩歌，段落形式重複，讀起來有節奏感，呈現活潑輕鬆的氣息。
2. 課文中由吱吱喳喳、嘻嘻哈哈描述麻雀的活潑狀態；更進一步在語文活動中延伸小麻雀的活動。同時明白作主人或客人的禮節。

教學重點

1. 認識字形的結構，吱吱喳喳和嘻嘻哈哈都是口部，左邊短小，右邊大；泡是左小右大；群是左右均分。在習作後，讓小朋友發表三種不同的字型結構。
2. 理解課文中的句型，學會「……在……」、「……什麼……」的句型使用。
3. 「在」是表示一種狀態，如：在吃飯、在唱歌等等。
4. 「什麼」是詢問句，如：小麻雀說什麼話？同時提出問號的用法。
5. 認識並學習顏色的疊字形容詞「綠綠的」，重疊動作的詞語「泡泡茶」的詞語。

教學建議

1. 補充資料中有四首繞口令，老師可依學生程度或興趣做介紹。最簡單是：「樓上一麻貓，樓下一麻雀；麻貓咬麻雀，麻雀咬麻貓。」
2. 朗讀課文時，為了讀出輕鬆活潑的感覺，速度可以快一點。
3. 除了課文的兩段，可以指導小朋友依照一、二段的形式再創作一段。

十一 房子

教材說明	教學重點	教學建議
1. 本課課文由四小段組成，由兩個人、兩種不同形式的房子交錯發展出喜歡的活動。 2. 在字形教學中，認識左窄右寬、左寬右窄的字體結構。 3. 語文活動提出詞語拉長的練習，像「上下」變成「上上下下」。	1. 本課有兩個重要句型「……住在……」，「喜歡……也喜歡……」。 2. 「喜歡……也喜歡……」是表示兩樣都喜歡。 3. 詞語的變化，有拉長的和顛倒的練習，例如：安靜變成安安靜靜、樓頂變成頂樓。讓孩子讀一讀，領會其中的感覺。 4. 容易混淆的字，像「住」和「往」也在習作中作練習。 5. 標點符號逗號（，）和句號（。）的使用練習。	1. 補充材料猜字謎，可以在作生字教學時適時提出。 2. 本課生字「樓」字，要特別強調右邊橫劃要穿過口的兩側。 3. 朗讀課文時，可以兩人一組輪流念，提醒念出欣賞的感覺。 4. 若時間允許，兩人一組繼續以自己的住家情形，套用在課文裡。

十二 唱歌

教材說明	教學重點	教學建議
1. 本課課文是詩歌，一共有三段。一、二段形式相同，第三段採總結手法。先是聽小溪唱歌，再聽微風唱歌，最後一起唱歌，帶出互動的感覺。 2. 透過習作，做部首的分辨和生字的認識。 3. 語文活動以豐富的畫面，呈現生活中大自然裡的各種聲音。	1. 本課課文重要句子是「……一……又一……的」「……好……好……」「……真……真……」。 2. 「……一……又一……的」著重在單位詞量詞，教學時可以舉身邊實例提醒小朋友思考。 3. 「……好……」「……真……」的用法是接近的，含有非常的意味。可以用同一個句子作練習。如歌聲真美妙、歌聲好美妙。 4. 字形教學中，首是部首，也是人體的一部分，可以提出來討論，也可以深入其他器官，如「手」、「足」、「目」也是部首。	1. 聲音摹寫以注音符號為呈現方式，若是小朋友有其他表現方式亦可。 2. 林、住、裡、什、橋都是可以拆開的字，利用拆開的字做句子的練習，可提高學習趣味。例如：喬先生有木頭。 3. 補充資料趣味顛倒歌，活潑有趣，可以適時提出。

【全新版】華語 第二冊 教學指引

十 麻雀

一、聆聽與說話

(一)

1. 內容提要：

   語文遊戲：由蘿蔔蹲的遊戲轉換而來,將同學分成小麻雀跳、小白兔跳、小花貓跳等組。

   小麻雀跳 小麻雀跳 小麻雀跳完 小白兔跳

   小白馬跳 小白馬跳 小白馬跳完 小花貓跳

   小花貓跳 小花貓跳 小花貓跳完 小麻雀跳

2. 依此方式,沒有接上的為輸的一方。

3. 組別、組名可因人數而變更。

(二) 看圖說話

以提問方式,引導兒童觀察課文情境圖,引導兒童用完整的話回答。

1. 誰住在樹上?
2. 除了樹上,小麻雀也會住在哪裡?
3. 小麻雀在做什麼?
4. 小麻雀說了什麼話?

二、閱讀與識字

(一) 提出詞語

1. 兒童舉手提出本課詞語，教師補充並將所有詞語書寫在黑板上。
2. 教師範念後，再領念，並矯正發音，兒童可全體念、分組念、個別念。

(二) 詞義教學

1. 一群：以造句來說明。例如：公園裡有一群人、一群人在球場上。群，只用在人或其他鳥獸上，同種

(三) 概覽課文

1. 學生安靜看一遍課文。
2. 教師範讀一遍課文。
3. 教師領讀課文。
4. 兒童試讀課文（齊讀、分組讀、個別讀、輪流讀幾句都可）。
5. 兒童試說大意。

6. 如果你住在樹上，你會在樹上做什麼事？
5. 你喜歡住在樹上嗎？為什麼？

（三） 字形教學

1. 習寫字：

麻（麻）部　　喳（口）部

雀（隹）部　　哈（口）部

群（羊部。先寫君，再寫羊。）　泡（水）部

吱（口）部　　茶（艸）部

2. 吱吱喳喳、嘻嘻哈哈都是口部。在字型結構上左邊短小，右邊大。如：囗。

3. 泡，左小右大。如：囗。

4. 群，左右一樣大。如：囗。

以食指書空練習。

7. 泡茶：用開水沖茶葉。可以再舉泡咖啡為例子。

6. 有空：有時間的意思。用相反詞舉例，沒時間或是沒空。

5. 嘻嘻哈哈：形容笑聲或是笑的樣子。教學時可以讓全班笑一笑，體會嘻嘻哈哈的感覺。

4. 綠綠的：以樹葉或草地說明。教學時可以讓小朋友發表所知的綠色物品。

3. 吱吱喳喳：形容鳥叫或是講話的聲音。教學時可以讓小朋友模仿吱吱喳喳的聲音。

2. 麻雀：體型較小的鳥，羽毛黑色帶斑點，吃果實、穀類、種子和小蟲。

類的在一起叫做群。

三、閱讀與寫作

(一) 內容深究

就課文內容引導兒童回答問題（教學時可以強調用完整的句子回答）。

1. 麻雀住在哪裡？
2. 麻雀怎樣說話？
3. 麻雀請大家去他家做什麼？
4. 麻雀請大家去他家，麻雀是扮演主人還是客人？
5. 泡泡茶以外，還可以做什麼活動？

(二) 練習朗讀課文

本課要念出活潑的感覺，音調可以快一點。

1. 老師領念課文。
2. 指定小朋友念、分組念。
3. 鼓勵小朋友回家念給家人聽或是和家人一起念，並給予機會上臺念。

(三) 形式深究

1. 章法：

   (1) 本課文體是詩歌。全文共有兩段，兩段形式相同。押ㄚ韻，讀起來有節奏感。

   (2) 研討全課大意、分段大意：

   全課大意：麻雀的家在樹上，請大家去泡茶。

   分段大意：
   第一段：麻雀的家在樹上
   第二段：麻雀請大家去泡茶

   (3) 結構分析：

   麻雀 ─┬─ 分說─第一段─麻雀的家在樹上
   　　　└─ 分說─第二段─麻雀請大家去泡茶。

   (4) 主旨：小麻雀很活潑，喜歡大家在一起。

2. 句型練習：

   (1) ……在……（表示一種狀態）
   小鳥吱吱喳喳在吵鬧。
   弟弟嘻嘻哈哈在說話。
   妹妹安安靜靜在讀書。

   (2) ……什麼……（詢問的句型）

麻雀說什麼話？

你要喝什麼茶？

他要看什麼書？

3. 詞語練習：

(1) 綠綠的

說明：是顏色的疊字形容詞，可使詞語活潑，色彩鮮明，聲音好聽。

例如：紅紅的花、白白的雪、圓圓的球

(2) 泡泡茶

說明：是一個重疊動作的語詞，感覺上動作會比較悠閒輕鬆，活潑可愛。

例如：唱唱歌、拍拍球、看看花

四、教學資料庫

(一) 語文活動十解答參考

第62頁【讀一讀，再寫一寫】

（在）（開門）

（玩具）

習作解答參考

(二)

A本

【習作 (一)】
1. (吃)(嘻)(哈)(吱)　2.(訴)(話)(說)(記)

【習作 (二)】
1.(ㄏㄚㄏㄚˋ)　2.(ㄆㄠˊㄆㄠˊ)　3.(ㄑㄩㄝ)　4.(ㄒㄧㄒㄧ)。

【習作 (三)】
1.(泡)　2.(相)　3.(出)　4.(河)　5.(吱)　6.(喳)

【習作 (四)】
1.(紅紅)(香蕉)
2.(手或球)(看看)

B本

【習作 (一)】
(合)(昌)(口)(羊)(口)(口)(包)

(以上答案僅供參考。)

十 麻雀

> 發現：口字邊的字，左邊比較短小，右邊比較大。
> 「泡」字是左小右大。
> 「群」是左右一樣大。

【習作(二)】

1.（說說） 2.（看看） 3.（泡泡）

【習作(三)】

1.（泡） 2.（哈哈哈） 3.（群）

(三) 補充資料

1. 繞口令：

(1) **麻貓麻雀**

樓上一麻貓，樓下一麻雀。
麻貓咬麻雀，麻雀咬麻貓。

(2) **麻達新人麻達郎**

麻達新人麻達郎，
麻達伯伯來送房。
麻達爺娘堂上坐，

麻餅麻片麻酥糖。

(麻達,是麻臉之意。新人是新娘。)

(3) **麻婆買麻花**

麻婆買麻花,呆婆拗梅花,媒婆秤霉蝦。

(4) **樓上麻貓**

樓上麻貓,樓下麻雀;麻雀咬麻貓,麻貓咬麻雀。

2. 猜一猜:
  (1) 一身毛,尾巴翹;不會走,只會跳。(答案:麻雀)
  (2) 草木之中有一人。(答案:茶)
  (3) 桌上一隻大公雞,客人來了咕咕啼。(答案:茶壺)

3. 動動腦:
  (1) 哪些東西會發出吱吱的聲音?
      (如:老鼠的叫聲、猴子的叫聲)
  (2) 泡茶以外,還可以泡什麼?
      (泡水、泡澡、泡溫泉等等)
  (3) 茶杯有哪些用途?
      (裝水、當量杯)

4. 念詩歌:

搖搖船,搖到外婆家,外婆留我吃碗茶。
茶呀茶,茶在山上開茶花,水呀水,水在水底結蓮花。
麻雀兒飛過堤,口裡啣的西瓜皮;
前頭走的大阿姨,後頭跟的小么姨。

5. 河南兒歌:
(1) 喜鵲到
喜鵲叫,客人到。客人來家,姊姊泡茶。茶冷買餅,餅髒買糖,糖甜買麵,麵上一塊雞,客人笑嘻嘻。

(2) 家/楊喚
樹葉是小毛蟲的搖籃,花朵是蝴蝶的眠床,
歌唱的鳥兒誰都有一個舒適的巢,
辛勤的螞蟻和蜜蜂都住著漂亮的大宿舍,螃蟹和小魚的家在藍色小河裡,
綠色的原野是蚱蜢和蜻蜓的家

十一 房子

一、聆聽與說話

(一) 語文遊戲：閉著眼睛來畫畫

1. 小朋友上臺或是在自己座位上，準備紙筆。
2. 小朋友閉著眼睛，按照老師說的內容畫出圖案。
3. 老師說：先畫一棟高高的房子，再畫一間小小的屋子，屋子旁邊畫一片草地和兩朵花。畫完，睜開眼睛，請小朋友互相看作品，為作品訂一個名稱。（內容依情形增加。）
4. 請小朋友上臺介紹作品的內容。

(二) 看圖說話

以提問方式，引導兒童觀察課文情境圖，引導兒童用完整的話回答。

1. 這一張圖裡面有幾間房子？
2. 這兩間房子有什麼不一樣？
3. 在高房子上可以看到什麼？
4. 你住在哪一種房子裡？
5. 你希望住在什麼樣的房子裡？

二、閱讀與識字

(一) 提出詞語

1. 兒童舉手提出本課詞語,教師補充並將所有詞語書寫在黑板上。
2. 教師範念後,再領念,並矯正發音,兒童可全體念、分組念、個別念。

(二) 詞義教學

1. 住:居留的意思。可以造句說明,魚住在水裡,我住在家裡。

(三) 概覽課文

1. 學生安靜看一遍課文。
2. 教師範讀課文一遍。
3. 教師領讀課文。
4. 兒童試讀課文(齊讀、分組讀、個別讀、輪流讀幾句都可)。另外可以讓兩人一組,依文中的兩個角色對念。
5. 兒童試說大意。
6. 你喜歡去誰家?為什麼?

2. **樓房**：兩層以上的房屋。可以用圖片或指著實體說明。
3. **樓梯**：上下樓的階梯。舉實例說明，或是在黑板上畫出階梯形狀。也可以討論樓梯的材質。
4. **寬**：用窄來比較說明。路很窄，車子過不去；路很寬，車子過得去。
5. **平**：表面沒有高低不平的。以平和不平的實物來對照說明。
6. **喜歡**：很高興、喜愛的意思。喜是歡的意思；歡是喜的意思。
7. **爬上**：往上走的意思。請一個小朋友示範動作，例如爬上桌子。
8. **樓頂**：屋子最上面的部分。
9. **躺**：身體放平。請一個小朋友做示範。
10. **屋頂**：屋子最上面的部分。可以讓小朋友發表屋頂上會有什麼東西。

(三)

1. 習寫字：

住（人）部　　歡（欠）部
樓（木）部　　爬（爪）部
梯（木）部　　頂（頁）部
寬（宀）部　　躺（身）部
平（干）部　　屋（尸）部

以食指書空練習，也可以讓小朋友上臺試寫。

2.「住」、「樓」、「躺」都是左窄右寬的字,「歡」剛好相反,是左寬右窄。教學時讓小朋友比較看看。

三、閱讀與寫作

(一) 內容深究:就課文內容引導兒童回答問題。
1. 課文中的我住在哪裡?
2. 課文中的你住在哪裡?
3. 住樓房的要怎麼上去?
4. 平房的前後有什麼?
5. 課文中的我喜歡什麼?
6. 課文中的你喜歡什麼?
7. 這兩家的小朋友感情好嗎?為什麼?

(二) 練習朗讀課文
1. 老師領念課文。
2. 指定小朋友念、分組念。
3. 鼓勵小朋友回家念給家人聽或是和家人一起念,並給予機會上臺念給大家聽。

(三) **形式深究**（僅供教師參考）

1. 章法：

(1) 本課文體是詩歌，主要由四段構成，由兩個人、兩種房子交錯發展出喜歡的活動，帶出互相欣賞的美感。

(2) 研討全課大意、分段大意：

　分段大意：

　　第一段：你住在樓房，我住在平房；我喜歡去你家，你也喜歡來我家。

　　第二大段：我們兩人的家不一樣，我住樓房，你住平房。

　　第二大段：我喜歡去你家，你喜歡來我家。

　　第三段：我們喜歡我們兩個人的家。

(3) 結構分析：

```
          ┌ 總說─第一段─說明你家和我家。
          │         ┌ 我喜歡去你家。
房子 ─────┤ 分說─第二大段┤
          │         └ 你喜歡來我家。
          └ 總說─第三段─我們喜歡自己的家和對方的家。
```

(4) 主旨：會欣賞自己和別人的房子，是很快樂的事。

2. 句子練習：

(1) ……住在……

　　我住在寬寬的平房

四、教學資料庫

(2) ……喜歡……也喜歡（兩個角色都喜歡）

小鳥住在綠綠的樹上
魚兒住在清清的水裡

3. 詞語練習：

妹妹喜歡姊姊的衣服，姊姊也喜歡妹妹的衣服。

利用疊字，將二個字的語詞變成四個字，讀起來韻味悠揚又加強詞義。可讓學生讀一讀，比較不同的感覺。

例如：「上下」變成「上上下下」。
「高低」變成「高高低低」。
「大小」變成「大大小小」。

(一) 語文活動十一解答參考

第68頁【逗號「，」】
（，ㄨ，ㄨ，）
第69頁【句號「。」】
（。ㄨ。ㄨ。）

(二) 習作解答參考

A本

【習作 (一)】
1. (ㄉㄡˊ) 2. (ㄎㄨㄢ) 3. (ㄊㄤˇ) 4. (ㄆㄚˊ) 5. (ㄅㄧㄥˊ) 6. (ㄨ)

【習作 (二)】
1. (住) 2. (躺) 3. (喜歡) 4. (梯) 5. (頂) 6. (爬)

B本

【習作 (一)】
請老師指導學生回答。

【習作 (二)】
1. (房子) 2. (矮矮) (房子) 3. (草地) 4. (屋頂)

【習作 (三)】
請老師指導學生依上題畫圖。

(以上答案僅供參考。)

(三) 補充資料

1. 猜一猜：

十一 房子

(1) 屋主。（答案：住）

(2) 長的多，短的少，直的少，橫的多，腳去踩，手去摸。（答案：梯子）

(3) 躺的相反。（答案：立、站）

(4) 砰的一聲，石頭掉了。（答案：平）

(5) 上有十一口，下有二十口，全部加起來，共有三十一口。（答案：喜）

2. 笑一笑：

從前有一個叫做張三的窮人，他聽說印度有一尊臥佛很靈驗，就費盡千辛萬苦去求他幫忙。臥佛苦笑著對他說：很抱歉，我幫不上忙。你看我現在躺在這裡，連自己想翻個身，都還做不到呢！

3. 諺語：

平時不燒香，臨時抱佛腳。

4. 兒歌：

平生不做虧心事，半夜不怕鬼敲門。

5. 俏皮話：

矮子爬樓梯——「步步登高」。

6. 成語：

「頂天立地」、「天寬地闊」。

7. 兒歌：

(1) 蝸牛（陝西兒歌）

⑤ 九月裡是重陽，記得九月閏九月，過個重陽又重陽，老老少少喜洋洋。

蝸牛,蝸牛,
房子背著走,
沒觸什麼,
身子在外頭,
碰到什麼,
趕快躲進裡頭。

(2)燕子
燕子燕沙沙沙,
特來到你家,
不吃你米
不吃你穀,
借你樑下做個窩。

十一　房子

十二 唱歌

一、聆聽與說話

(一) 語文遊戲：唱歌的遊戲

1. 選一首全班都會唱的歌。
2. 全班先合唱。
3. 全班分組唱：
   (1) 分組唱，第一組先唱一句後，第二組才開始唱，各組唱各組的，音被拉走的就輸了。第二次由第二組先唱。
   (2) 人多時可以分成三到四組。

(二) 看圖說話

以提問方式，引導兒童觀察課文情境圖，引導兒童用完整的話回答。

1. 這一張圖裡面有什麼？
2. 有幾個人坐在山上？
3. 有誰在唱歌？
4. 溪水會唱歌嗎？為什麼？

二、閱讀與識字

(一) 提出詞語

1. 兒童舉手提出本課詞語，教師補充並將所有詞語書寫在黑板上。
2. 教師範念後，再領念，並矯正發音，兒童可全體念、分組念、個別念。

(二) 詞義教學

1. 小溪：山間的小河。

(三) 概覽課文

1. 學生安靜看一遍課文。
2. 教師範讀一遍課文。
3. 教師領讀課文。
4. 兒童試讀課文（齊讀、分組讀、個別讀、輪流讀幾句都可）。
5. 兒童試說大意。
6. 你在山上唱過歌嗎？有什麼感覺呢？
5. 風會唱歌嗎？為什麼？

2. **美妙**：美好而令人愉快的意思。例如：他的歌聲真美妙。
3. **一句**：舉例說明，例如：我會唱歌、你要坐下。並說明完整的句子要有主要的詞和動作的詞。
4. **溜過**：快速通過的意思。例如：溜冰溜得很快，一下子就從眼前溜過去了。
5. **橋**：連接河面或交通要道的建築物。可以舉四周醒目的橋來說明。
6. **微風**：小小的風。教學時可以小朋友從嘴巴輕輕吹出風來。
7. **一首**：計算詩、詞、歌曲等的單位。
8. **穿進**：通過的意思。可以提出穿衣服的例子說明，再說明通過的意思。
9. **樹林裡**：很多樹木生長在一起的地方。
10. **輕輕**：用力小或不重的意思。以拍手為例，輕輕拍或重重拍做比較。
11. **手**：實例說明，全班一起伸出手。
12. **跟著**：在後面緊接著行動。例如：你唱一句，我跟著唱一句。

(三) **字形教學**

1. 習寫字：

聽（耳）部　　穿（穴）部
美（羊）部　　進（辶）部
句（口）部　　林（木）部
過（辶）部　　輕（車）部

三、閱讀與寫作

微（彳）部　跟（足）部
首（首）部　河（水）部

(1)「手」與「首」均是部首，也都是人體的一部分，可以提出來討論，也可以加入，跟是足部。

2. 認讀字：

溪（水）部
聲（耳）部
溜（水）部
橋（木）部，與林、樹都是木部，提出最早的橋是木頭搭成的概念。

(2)以食指書空練習，也可以讓小朋友上臺表現寫字。

(一) 內容深究

引導兒童就課文內容回答問題。

1. 課文中的我們到哪裡去了呢？
2. 我們在山上做什麼？
3. 溪水怎樣唱歌？
4. 溪水唱歌唱得快還是慢？為什麼？

5. 微風怎樣唱歌？
6. 微風唱歌唱得多還是少？為什麼？
7. 溪水和微風的歌聲好不好聽？從哪裡知道？
8. 最後課文中的我們做了什麼事？

(二) **練習朗讀課文**
1. 老師領念課文。
2. 指定小朋友念，分組念。
3. 鼓勵小朋友回家念給家人聽或是和家人一起念，並給予機會上臺念。

(三) **形式深究**（僅供教師參考）
1. 章法：
(1) 本課文體是詩歌，一共分三段；一、二段形式相同，第三段採總結手法，帶出互動的感覺。
(2) 研討全課大意、分段大意：
全課大意：我們到山上聽溪水和微風唱歌，也跟著一起唱。
分段大意：
第一段：到山上聽小溪唱歌，溪水歌聲真美妙。
第二段：坐在山上聽微風唱歌，微風的歌聲好美妙。
第三段：跟著小溪和微風唱歌。

十二 唱歌

(3) 結構分析：

```
          ┌ 分說─第一段─到山上聽小溪唱歌。
唱歌 ─┼ 分說─第二段─坐在山上聽微風唱歌。
          └ 總說─第三段─跟著溪水和微風一起唱歌。
```

(4) 主旨：學習聽聽大自然的聲音，是很美好的一件事。

2. 句子練習

(1) ……一……又一……的

說明：一的下面接量詞，教師可以舉身邊實例來提醒小朋友思考。

弟弟一句又一句的念。

她們一首一首又一首的唱。

妹妹一本又一本的看。

爺爺一張又一張的找。

(2) ……好……

微風的歌聲好美妙。

媽媽的眼睛好漂亮。

水裡的魚好快樂。

(3) ……真……

例如：溪水的歌聲真美妙。

四、教學資料庫

(一) 習作解答參考

A本

【習作㈠】
1.（找拉扶）2.（林樹校梨）3.（過近進）

【習作㈡】
1.（林）2.（住）3.（裡）4.（什）5.（橋）

妹妹的手真小。
天空的雲真白。

3. 詞語練習：
聲音的摹寫：
ㄏㄨㄚㄉㄚㄏㄨㄚㄉㄚ→形容水聲
ㄕㄚㄉㄚㄕㄚㄉㄚ
ㄆㄚㄉㄚㄕㄚㄉㄚ →形容風聲
說明：教學時以注音符號作為呈現聲音的方式，例如：
ㄍㄨㄉㄨㄍㄨㄉㄨ、ㄅㄧㄅㄚㄅㄧㄅㄚ
ㄆㄧㄉㄧㄆㄚㄉㄚ、ㄓㄧㄓㄚㄓㄚㄓ

B本

【習作（一）】

1. （唱）（口）（口）（件）（件）
2. （跑或走）（爬）

（以上答案僅供參考。）

【習作（二）】

（子）（園）（情）（吹吹風）（真快樂）

（以上答案僅供參考。）

（二）補充資料

1. 唱兒歌：

(1) **趣味顛倒歌**

怪唱歌、奇唱歌；魚兒咬死鴨大哥。水缸裡起大波，大河石頭滾上坡，山頂上面魚蝦多。（南京兒歌）

五個沒有三個多，公雞生個大鴨蛋；小貓游泳多快活，魚兒岸邊曬太陽，兔子頭上長犄角。

(2) **安徽兒歌：聽我唱個難上難**

聽我唱個難上難，雞蛋上面堆鴨蛋，鴨蛋上面堆酒罈，酒罈上面插旗竿，旗竿上面曬衣衫。

2. 猜一猜：
   (1) 天天說話。（答案：唱）
   (2) 牙齒埋在洞穴裡。（答案：穿）
   (3) 進的相反。（答案：退、出）
   (4) 遠看像小山，近看是樓梯，上去一步步，一下滑到底。（答案：溜滑梯）
   (5) 一木是木，二木是林，三木是什麼？（答案：森）
   一日是日，三日是晶。
   一口是口，三口是什麼？（答案：品）

3. 俏皮話：
   (1) 張飛穿針——大眼瞪小眼。
   (2) 夏天穿皮襖——自己找罪受。
   (3) 月亮跟著太陽走——借光（請人幫忙）。
   (4) 鞋底上抹油——溜之大吉。

4. 想一想：
   (1) 句字可以再變成什麼字？
   有金有句變成鉤，有犬有句是狗，來了「多」叫做夠。
   (2) 風有那些聲音？（讓小朋友自由描述）
   沙沙沙，呼呼呼，咻咻咻，嗚嗚嗚……

十二 唱歌

國家圖書館出版品預行編目資料

全新版華語：教學指引＝Easy Chinese／蘇月英等編撰. -- 臺三版.
  -- 新北市新店區：流傳文化, 2013.03-
    冊；　公分
    ISBN 978-986-7397-38-6（第1冊：平裝）
    ISBN 978-986-7397-39-3（第2冊：平裝）
  1. 漢語 2. 讀本
802.85　　　　　　　　　　　　　　　　　　　　98025459

全新版華語教學指引第二冊

總 主 編◎蘇月英
編撰委員◎蘇月英、李春霞、胡曉英、詹月現、蘇　蘭
　　　　　吳建衛、夏婉雲、鄒敦怜、林麗麗、林麗眞
美術設計◎利曉文
封面設計◎賴佳玲
發 行 人◎黃英哲
出版發行◎流傳文化事業股份有限公司
地　　址◎(231)新北市新店區復興路43號4樓
電　　話◎(02)8667-6565
傳　　眞◎(02)2218-5172
郵政劃撥◎0009914-5
網　　址◎http://www.ccbc.com.tw
　　　　　E-mail:service@ccbc.com.tw
香港分公司◎集成圖書有限公司 — 香港皇后大道東283號聯威商業中心8字樓C室
　　　　　TEL：(852)23886172-3．FAX：(852)23886174
美國辦事處◎中華書局 — 135-29 Roosevelt Ave. Flushing, NY 11354 U.S.A.
　　　　　TEL：(718)3533580．FAX：(718)3533489
日本總經銷◎光儒堂 — 東京都千代田區神田神保町一丁目五六番地
　　　　　TEL：(03)32914344．FAX：(03)32914345

出版日期◎西元 2010 年　4 月臺三版一刷
　　　　　西元 2013 年　3 月臺三版四刷

分類號碼◎802.85.064
ISBN 978-986-7397-39-3

定　價：110 元
版權所有．翻印必究　　Printed in Taiwan